기독교방송이여 영원하라

| 박옥배 지음 |

쿰란출판사

기독교방송이여
영원하라

 **책을 내며**

    기독교방송(Christian Broadcasting System)은 민족상잔의 전쟁 후인 1954년에 설립된 '한국 최초의 민간방송'이자 '한국 최초의 방송 선교 언론기관'이다. 명실공히 '한국 교회의 대표적인 미디어 자산'으로서의 위상을 지니고 있다.

    CBS의 설립 목적은 '한국 사회의 도의심 향상'과 '기독교적 교양을 육성'하는 것이다. 한마디로 하나님의 공의와 사랑을 전파하는 것이다. 설립 이래 '기독교 정신에 입각한 한국 사회의 도의심 향상과 사회 계몽'을 실현하고, '건전한 방송·언론문화 발전'과 '기독교적 가치관 확산·공공복리 증진'에 기여함으로써 초기 설립 정신을 면면히 지켜오고 있다.

    4·19혁명과 10월 유신, 5·18민주화운동으로 이어지는 격동의 현대사에서 시대의 양심과 민주화의 산

증인으로서 방송의 본분을 지킬 수 있었던 것은 CBS의 설립 정신에 기인한 것이라고 믿는다. 하지만 70여 년 기독교방송사(史)에 꽃길은 없었다. 특히 1980년 엄혹한 군부독재 시절 보도기능과 광고기능을 빼앗겨 7년여의 광야 같은 가시밭길에 내몰리기도 했다. CBS의 존립마저 위태로울 때 '기독교방송이여, 영원하라', 'CBS뉴스를 듣고 싶다'며 100만인 서명운동을 벌인 청취자들의 간절한 마음과 한국 교회의 기도에 힘입어 방송사로서의 제 기능을 회복할 수 있었다. 그렇다. 기도가 이룬 기적이었다.

CBS는 매일 아침 채플 형태의 직원 예배를 드리고 있다. 직원 워크숍이나 경영전략회의, 국·실·본부장회의, 크고 작은 모임이나 행사 때마다 기도하고 또 기도한다. 필자가 32년 넘게 재직하는 동안 CBS를 위해 기도했던 기도문 66편을 모았다. 책 제목은 6월 항쟁이 한창이던 1987년 여름, 어느 청취자가 CBS의 기능 정상화 가두 서명대로 직접 써서 가져온 붓글씨 작품에서 차용해왔다. 작품에 적힌 '영주산방인 남당(瀛洲山房人 南堂)'이라는 분을 서예 관련 단체에 수소문해 찾았으나 동명이인 한 분만 확인했을 뿐이다. 뒤늦게라도 찾아 답례할 수 있는 날이 오기를 바란다.

  CBS를 사랑하는 시·청취자들과 4차 산업혁명 시대라는 격랑을 헤치며 창사 100년을 향해 달려갈 CBS 직원들에게 기도제목으로 이 책을 드린다.

  기독교방송이여, 영원하라.

2021년 설날 아침
박 옥 배

1987년 여름 '영주산방인 남당(瀛洲山房人 南堂)'으로 추정되는 이느 청취자가 CBS의 기능 정상화 가두서명대로 직접 써서 가져온 붓글씨 작품(CBS노동조합 소장)

목차

책을 내며 _ 4

- 참 언론의 사명을 감당하는 '올곧은 방송' CBS ··· 21
  CBS 창사 60주년 감사예배 대표기도
  CBS 재단이사장 권오서 목사 설교

- CBS의 '담대한 도전, 새로운 미래'를 위하여 ··· 24
  CBS 전 직원 워크숍 개회예배 대표기도

- '4차 산업혁명 시대'의 격랑 앞에 선 CBS를 위하여 ··· 27
  CBS 경영전략회의 대표기도

- CBS 국·실·본부장에게 하나님의 마음을 품게 하소서 ··· 29
  CBS 국·실·본부장회의 대표기도

- 위기와 절망을 말하는 시대에 CBS는 희망과 기회를 말하게 하소서 ··· 30
  CBS 시무예배 대표기도

- 함께 가는 주님의 소중한 공동체 CBS ··· 33
  CBS 직원예배 대표기도

✢ 기도제목

- 우리 민족을 구원으로 인도하는 도구 CBS ··· 34
  CBS 직원예배 대표기도

- 기드온의 3백 용사로 부름받은 CBS 직원들 ··· 36
  CBS 직원예배 대표기도

- 한국 사회에 진리의 등불을 켜는 CBS ··· 38
  CBS 직원예배 대표기도

- 아프가니스탄에 억류 중인 형제들이 공포로부터
  해방되게 하소서 ··· 40
  CBS 직원예배 대표기도

- '우리는 CBS 뉴스를 듣고 싶다'던 국민에게
  희망을 주는 방송 ··· 42
  CBS 직원예배 대표기도

- CBS가 대한민국의 미래를 예측하고, 제시하는 기관이
  되게 하소서 ··· 44
  CBS 직원예배 대표기도

 목차

- CBS의 시대적 예언자와 제사장 역할을 위하여 ··· 46
  CBS 직원예배 대표기도

- 청지기 직분을 감당하는 CBS를 위하여 ··· 48
  CBS 직원예배 대표기도

- 칼을 쳐 보습을 만드는 역사를 위하여 ··· 50
  정동제일교회 송기성 목사 초청
  고난주간 CBS 특별직원예배 대표기도

- 'CBS를 전 세계로' 특별 생방송을 위하여 ··· 53
  왕성교회 길자연 목사 초청
  CBS 직원예배 대표기도

- 모든 지체가 같은 비전을 품는 CBS ··· 56
  지구촌교회 조봉희 목사 초청
  신앙강화주간 CBS 직원특별예배 대표기도

- 예수 그리스도의 좋은 군사, CBS ··· 59
  CBS 직원예배 대표기도

✛ 기도제목

- 그리스도의 제자와 군사로 부름받은 CBS ··· 61

  CBS 재단이사장 전병금 목사 초청
  광주CBS 직원예배 대표기도

- 순교의 피가 흐르는 일본 땅이 온전히 하나님의
  땅으로 회복되게 하소서 ··· 63

  일본 바나바복음선교회 방문
  광주CBS 직원예배 대표기도

- 각자 섬기는 교회에서도 충성을 다하는 CBS 직원이
  되게 하소서 ··· 65

  광주순복음교회 임석명 목사 초청
  광주CBS 직원예배 대표기도

- 주어진 업무를 기쁨과 보람으로 감당할 수 있게 하소서 ··· 67

  본향교회 채영남 목사 초청
  광주CBS 직원예배 대표기도

- CBS가 미디어 선교와 올곧은 방송 매체로 서게 하소서 ··· 69

  성림침례교회 김종이 목사 초청
  광주CBS 직원예배 대표기도

 목 차

- 방송 선교를 위해 기도하고 후원하는 자들을 기억하소서 ··· 71

  새순교회 윤정중 목사 초청
  광주CBS 직원예배 대표기도

- 시대의 양심을 담은 언론기관의 책무를 다하게 하소서 ··· 73

  광주서문교회 조동원 목사 초청
  광주CBS 직원예배 대표기도

- 복음전도에 더욱 심혈을 기울이는 매체가 되게 하소서 ··· 75

  신안교회 우수명 목사 초청
  광주CBS 직원예배 대표기도

- 51년간 시대의 일꾼으로 부름받은 광주CBS 직원들의
  감사예배 ··· 77

  광주광역시기독교교단협의회 대표회장 윤세관 목사 초청
  광주CBS 창립 51주년 기념예배 대표기도

- 태풍 볼라벤으로 쓰러진 송신 안테나를 하루 빨리
  복구하게 도우소서 ··· 79

  광주다일교회 김의신 목사 초청
  광주CBS 직원예배 대표기도

✤ 기도제목

- CBS가 복음을 전하고 시대의 양심이 되게 하소서 … 81

  광주한빛교회 문희성 목사 초청
  광주CBS 직원예배 대표기도

- 소외된 이웃과 약자를 섬기는 방송, CBS … 84

  광주벧엘교회 리종빈 목사 초청
  광주CBS 직원예배 대표기도

- 하나님의 공의를 강물처럼 흘려보내게 하소서 … 86

  광주무등교회 진명옥 목사 초청
  광주CBS 직원예배 대표기도

- 방송을 통해 그리스도의 복음이 온 땅을 적시게 하소서 … 89

  시흥 우리교회 장성화 목사 초청
  CBS 직원예배 대표기도

- 암 투병 중인 최승진 기자에게 치료의 광선을
  비추어 주소서 … 91

  평광교회 조성욱 목사 초청
  고난주간 CBS 특별직원예배 대표기도

 목차

- 신천지 등 이단 사이비로부터 한국 교회를 지키게
  하소서 ··· 94
  과천소망교회 장현승 목사 초청
  CBS 직원예배 대표기도

- 참을 참이라고, 거짓을 거짓이라고 말하게 하소서 ··· 96
  영은교회 고일호 목사 초청
  CBS 신앙강화주간 직원예배 대표기도

- 민족구원과 세계선교의 사명을 감당하는 CBS ··· 99
  산정현교회 김관선 목사 초청
  CBS 직원예배 대표기도

- CBS가 한국 교회와 함께 복음으로 민족을 구원하게 ··· 102
  대학연합교회 김형민 목사 초청
  고난주간 CBS 특별직원예배 대표기도

- 우는 자들과 함께 우는 방송 ··· 105
  전농감리교회 이광섭 목사 초청
  CBS 직원예배 대표기도

✟ 기도제목

- 신천지에 빠진 사람들을 진리 가운데로 인도하소서 ··· 108
  목민교회 김동엽 목사 초청 고난주간
  CBS 특별직원예배 대표기도

- CBS 9대 사장 한용길 장로님에게 새로운 리더십을 ··· 111
  인천 제2교회 이건영 목사 초청
  CBS 직원예배 대표기도

- 대통령의 방미길에 동행한 CBS소년소녀합창단을
  위하여 ··· 114
  대한성공회 김근상 주교 초청
  CBS 직원예배 대표기도

- 시대의 예언자요, 선한 청지기인 CBS 임직원 ··· 117
  하프타임코리아 대표 박호근 목사 초청
  CBS 직원예배 대표기도

- 종교개혁 500주년과 한민족 평화통일 기획을 위하여 ··· 119
  CBS 직원예배 대표기도

 목차

- **나라와 민족의 미래를 밝히는 한국 교회를 위하여** ··· 122
  만나교회 김병삼 목사 초청
  CBS 직원예배 대표기도

- **신군부에 빼앗긴 보도기능을 회복한 지 30년** ··· 124
  CBS 전 직원 워크숍 개회예배 대표기도

- **'나부터' 개혁하는 종교개혁 500주년** ··· 126
  수원중앙교회 고명진 목사 초청
  종교개혁 500주년기념 CBS 직원특별예배 대표기도

- **평창 동계올림픽을 남북 화해의 기회로** ··· 129
  CBS 직원예배 대표기도

- **평창 동계올림픽 CBS 특별취재팀을 위하여** ··· 131
  CBS 직원예배 대표기도

- **신임 안영진 재단이사장과 신입·경력 직원을 위하여** ··· 133
  CBS 직원예배 합심기도

✤ 기도제목

- 싱가포르 북미정상회담을 계기로 한반도에 평화를 ··· 136
  CBS 직원예배 합심기도

- CBS 경영 안정을 위하여 ··· 138
  CBS 직원예배 합심기도

- 방송 역량 확대를 위한 하반기 경영전략 수립 ··· 141
  CBS 직원예배 합심기도

- 가난한 과부의 두 렙돈 같은 방송 선교 헌금 ··· 144
  CBS 직원예배 합심기도

- 기독교 영화를 통해 복음이 흥왕케 되기를 ··· 147
  CBS 직원예배 합심기도

- 암 투병 중인 직원에게 치료의 기적을 ··· 150
  CBS 직원예배 합심기도

- 민족복음화와 한반도 평화에 기여하는 CBS ··· 153
  CBS 직원예배 합심기도

 목 차

- 참을 참이라고, 거짓을 거짓이라고 선포하는 CBS ⋯ 155
  CBS 직원예배 합심기도

- 신천지와 이단, 사이비의 공격을 이겨내는 CBS ⋯ 157
  CBS 직원예배 합심기도

- 광교산 표준FM 중계소 준공검사와 광주 음악FM
  허가심사 청문회를 위하여 ⋯ 160
  CBS 직원예배 합심기도

- CBS를 위해 희생 제물로 바치는 애사심을
  기억해 주소서 ⋯ 163
  CBS 명예퇴직 감사예배 대표기도

- CBS에서 쌓은 경륜과 지혜가 더욱 가치 있게 쓰이기를 ⋯ 166
  CBS 최명진 국장 정년퇴임식 대표기도

- 섬김과 나눔을 실천하는 크리스천 리더 ⋯ 168
  성락성결교회 지형은 목사 초청
  CLA 크리스천 리더스 아카데미 7기 개강예배 대표기도

✛ 기도제목

- 불우한 이웃과 북녘동포들의 식탁도 풍성하게 도우소서 … 170
  CLA 크리스천 리더스 아카데미 7기
  수료예배 만찬감사기도

- CBS에 그랜드피아노를 기증한 장응복 장로님을 위하여 … 172
  CBS 그랜드피아노 봉헌감사예식 대표기도

- 주님 앞에 설 때까지 찬양하는 CBS장로합창단 … 174
  CBS장로합창단 예배 대표기도

- 생명을 살리는 일에 부름 받으셨던 故 김영범 사목 … 176
  故 김영범 사목 추모를 위한 CBS 직원예배 대표기도

인명 찾기 _ 178

참 언론의 사명을 감당하는 '올곧은 방송' CBS

 은혜로우신 하나님 아버지, 하나님이 세우신 CBS 기독교방송이 창사 60주년 감사예배를 하나님께 올려드릴 수 있도록 인도해 주시니 감사합니다. 모든 영광과 찬양을 하나님께 올려드립니다.

 하나님, CBS는 지난 60년간 그리스도를 믿는 자들에게는 믿음을 더욱 공고히 다지게 하고, 믿지 않는 자들에게는 복음을 전한 통로가 되어 왔습니다. 때로는 예수 그리스도의 복음을 전하는 선교의 도구로, 때로는 참을 참이라 말하고, 거짓을 거짓이라고 말하는 용기로써 참 언론의 사명을 감당해 왔습니다. 때로는 권력으로부터 핍박을 받아 방송사로서 존폐의 기로에 서기도 했습니다. 그러나 위기 때마다 하나님이 건져주시고, 상처를 싸매주시며, 올곧은 방송사의 길을 걸어갈 수 있도록 인도해 주셨습니다. 오직 하나님의 은혜였습니다.

처음과 나중이 되시는 하나님, CBS를 세우신 분도 하나님이요, 35년 전, 30년 전, 25년 전, 20년 전, 10년 전, 이 기관에 저희들을 불러 세우신 분도 하나님이십니다. CBS가 한국 교회와 함께 우리 민족을 복음으로 구원하고, 하나님의 공의가 이 땅에 강같이 흘러갈 수 있도록 하는 거룩한 일에 저희 직원들을 사용해 주셨으니 감사드립니다. 비록 육신으로는 연약한 질그릇이요, 믿음 또한 부족하지만 앞으로도 약자의 눈물을 닦아주고, 소외되고 억압 받는 자들을 위로함으로써 진리와 생명, 평화의 세상을 가꾸는 일에 마음과 뜻과 정성을 다해 헌신케 하옵소서.

진리의 말씀으로 세상을 주관하시는 하나님, 오늘 CBS 재단이사장이신 권오서 목사님을 통해 '내가 무엇이라 외치리이까?'라는 제목의 말씀을 주시니 감사합니다. 권오서 목사님의 영·혼·육을 더욱 강건케 하시고, 성령 충만하도록 인도하셔서 섬기시는 교회와 여러 사역 위에도 하나님의 기름 부으시는 역사를 허락해 주옵소서.

전능하신 하나님, CBS의 방송 선교를 위해 지난 60년 동안 기도와 물질로 헌신하고 후원하는 한국 교회와 성도가 있습니다. 또 여러 모양으로 CBS를 돕는 기업과 기관, 단체가 있습니다. 그들에게 하나님이 친히 위로와 격려를 보내주시고, CBS 본사와 13개 지역본부에는 경영이 형통하는 복을 허락해 주옵소서.

길과 진리요, 생명이신 예수 그리스도의 이름으로 기도합니다. 아멘.

선교기획국장 박옥배
CBS 창사 60주년 감사예배 대표기도
CBS 재단이사장 권오서 목사 설교
CBS웨딩홀
2014년 12월 11일

CBS의 '담대한 도전,
새로운 미래'를 위하여

CBS의 주인이신 하나님, 하나님이 착하고 충성된 일꾼으로 불러 쓰시는 전국의 CBS 지체들이 이곳에 모였습니다. '담대한 도전, 새로운 미래'라는 주제로 전 직원 워크숍을 갖습니다. 이번 워크숍을 통해 지난 64년간 쌓아왔던 가장 공정하고 신뢰 받는 언론사로서의 명성을 이어가고, 또 하나님의 공의와 사랑을 이 땅에 실현하는 선교기관으로서 한국 교회를 섬기는 방송이 되도록 다짐하는 자리가 되게 하옵소서.

하나님, 방송 경영 환경은 날로 어려워지고 있습니다. 침체된 방송 광고 시장은 회복되지 않고 있습니다. 미디어 환경은 급변하고 있습니다. 치열한 콘텐츠 경쟁력이 요구되고 있습니다.

하나님, 그러나 피할 길을 예비하시는 하나님이신 줄 믿습니다. 올해 40여 명의 신입사원과 경력사원이 CBS에 둥지를 틀었습니다. 자치국으로 설립됐던 지역본부가 직할본부 전환을 앞두고 있습니다. 직종 간, 노사 간, 본사와 지역본부 간, 선후배 간에 소통하고, 격려하고, 서로 사랑으로 화합하게 도우시옵소서. CBS 안의 전체 직원이 마음을 모으고, 역량을 결집해 더욱 혁신하고, 도약, 성장할 수 있도록 우리의 마음과 생각을 지켜 주시옵소서. 각자에게 잠재된 능력을 발휘할 수 있는 여건이 조성돼 콘텐츠 경쟁력을 극대화함으로써 CBS가 21세기를 선도하는 미디어 그룹으로 우뚝 설 수 있게 하옵소서.

하나님, 본사와 지역본부가 함께 CBS 설립 목적에 합당한 열매를 맺을 수 있도록 간절히 기도합니다. 직할국 전환이 원만하게 이뤄져 모든 지역본부가 명실상부한 CBS 지체가 될 수 있도록 길을 열어 주시기를 원합니다.

하나님, 일찍이 하나님이 이사야 선지자를 통해 주신 말씀이 오늘 CBS에도 살아 역사하실 줄 믿고 간구합니다. 하나님이 CBS와 함께 할 것으로 믿습니다. 하나님이 CBS를 굳세게 하리라 믿습니다. 참으로 CBS를 도와주실 것으로 믿습니다. 참으로 하나님의 의로운 오른손이 CBS를 붙들어 주실 것을 믿습니다.

하나님, CBS를 통해 주의 뜻을 이뤄 주시옵소서. 직원 한 사람, 한 사람을 세워주신 곳에서 하나님의 뜻을 이루시옵소서. 개회예배하는 이 시간, 하나님의 말씀을 대언하시는 김욱 목사님의 입술을 주장하셔서 하나님의 말씀이 온전히 선포되게 하옵소서.

예수님의 이름으로 기도드립니다. 아멘.

신천지특별취재단장 박옥배
CBS 전 직원 워크숍 개회예배 대표기도
천안 재능교육연수원 2018년 10월 5일

'4차 산업혁명 시대'의 격랑 앞에 선 CBS를 위하여

CBS 기독교방송을 세우시고, 64년 동안 경영하신 하나님, 2018년 중앙국 경영전략회의로 모였습니다. 이 자리에 임재해 주시기를 원합니다.

하나님, 국내외적으로 '4차 산업혁명 시대'라는 거대한 격랑 속에 살고 있습니다. 그만큼 불확실한 미래를 앞둔 시대에, 간부직원으로 부름받은 저희들이 한자리에 모여 하반기 경영 전략을 세우고, CBS의 미래를 예측하고 준비하고자 합니다. 하나님이 지혜와 명철, 건강을 더해 주옵소서.

하나님, CBS에는 한국 사회를 건강하게 견인해야 할 언론사로서 중차대한 책임이 있습니다. 한국 교회를 갱신하고 일깨워야 할 책임 또한 CBS에 있음을 고백합니다.

하나님, CBS가 언론사로서, 방송 선교기관으로서 책임 있는 역할을 감당하기 위해서는 안정적인 재정이 허락돼야 하는 현실적인 고민을 안고 있습니다. 제2기 3년의 책임을 맡겨주신 한용길 사장님과 함께 중앙국과 지역본부에서 충성을 다해 감당하는 직원들 모두가 오직 하나님만 바라보고 변화와 혁신을 두려워하지 않는 주의 군사들로 쓰임 받게 하옵소서.

하나님, 이제 경영 전략회의를 시작합니다. 각 부서에서 중지를 모아 그린 밑그림 위에 하나님이 아름답게 채색해 주셔서 더욱 경영이 형통하게 완성해 주실 줄 믿습니다. 전반기에 어려워졌던 경영 환경을 후반기에 잘 극복해 내서 연말에 '잘 했다' 칭찬 받는 저희가 되게 은혜를 베풀어 주옵소서. 무엇보다도 '깊은 데로 그물을 던지라'는 주님의 말씀을 전적으로 의지할 줄 아는 큰 믿음도 저희에게 허락해 주옵소서.
예수님의 이름으로 기도드립니다. 아멘.

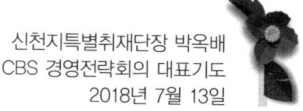

신천지특별취재단장 박옥배
CBS 경영전략회의 대표기도
2018년 7월 13일

CBS 국·실·본부장에게
하나님의 마음을 품게 하소서

2월 마지막 주간을 허락해 주신 하나님, CBS 간부 직원들이 모인 이 자리에 하나님이 임재하셔서 오늘도 CBS를 통해 하나님의 뜻을 이루시옵소서.

신실하신 하나님, 지난 64년간 시대를 따라 귀한 소명으로 불러 CBS를 사용해 주신 것을 믿습니다. 이번 주간도 하나님의 뜻을 전하고 이 땅에 세우신 하나님의 나라를 위해 살게 하시기를 원합니다. 모든 직원들의 신원을 강건하도록 도우시되, 특별히 한용길 사장님과 여기 모인 모든 간부들에게 하나님의 마음을 허락해 주시옵소서.

사순절, 새로운 달 3월에도 성령으로 임재하시기를 원하며, 그리스도이신 예수님의 이름으로 기도드립니다. 아멘.

선교위원 / 사목 임시업무대행 박옥배
CBS 국·실·본부장회의 대표기도
2018년 2월 26일

위기와 절망을 말하는 시대에
CBS는 희망과 기회를 말하게 하소서

인류 역사를 주관하시는 하나님, 120여 년 전, 하나님을 알지 못하던 흑암의 땅에 복음의 씨앗을 뿌려 하나님을 아는 백성이 되게 하심을 감사합니다. 특히 동족 간의 전쟁으로 폐허가 된 이 땅에 기독교방송을 세우셔서 민족의 상처를 싸매주고, 군사독재 시절에는 올곧은 방송을 함으로써 시대의 양심이 되고, 국민의 희망이 되게 하셨음을 생각할 때에 진심으로 감사드립니다.

인류의 소망이 되시는 하나님, 2009년 새해 업무를 시작하기에 앞서 전국의 CBS 직원들이 시간을 정해 하나님께 예배하는 시무식을 갖습니다. 2009년 올 한 해도 전국 13개 네트워크로 구성된 CBS를 심지가 견고한 자로 세우셔서 평강에 평강으로 지켜주시옵소서. 날마다 하나님을 의뢰하는 백성이 되게 하시옵소서.

우리에게 말할 수 있는 언어를 주신 하나님, 모두가 위기와 절망을 말하는 시대에 살고 있습니다. 모두가 절망을 말하는 때에 우리의 입술은 희망을 말하게 하시고, 모두가 위기를 말하는 때에 우리의 입술로는 기회를 말하게 하시기를 원합니다.

 '죽고 사는 것이 혀의 힘에 달려 있다'고 말씀하신 하나님, 비록 척박한 땅을 걸어갈지라도 CBS에 속한 우리는 눈에 보이는 절망 대신 하나님이 주실 비전을 말하게 하시옵소서. 가나안을 정탐했던 여호수아와 갈렙이 그랬던 것처럼 냉소와 비난의 말을 거두게 하시고, 긍정의 언어와 희망의 언어를 구사하게 도와주시옵소서. 그래서 세상의 어둠을 밝히는 빛으로 살게 하시고, 불의를 기뻐하지 않는 소금이 되게 하시고, 새로운 변화를 일궈가는 누룩이 되게 하실 줄 믿습니다.

 CBS를 사랑하시는 하나님, CBS를 위해 기도와 물질로 돕고 있는 한국 교회와 재단이사회가 있습니다. 그들이 날마다 부르짖는 기도에 응답하셔서 CBS에 경영이 형통하는 복을 허락해 주시옵소서. 또한 이정식 사장님을 비롯한 전국의 모든 임직원들에게 지혜의 명철을 더하실 뿐만 아니라, 영육이 강건케 하셔서 2009년 올 한 해 착하고 충성된 종으로서 청지기 직분을 잘 감당하게 도와주시옵소서. 각자 섬기는 교회를 위해서도 귀하게 쓰임 받게 하시고, 축복의 선물로 주어진 가정이 주 안에서 화평케 되는 역사를 이루어 주시옵소서. 그래서 CBS가 민족을 구원하고 백성에게 희망을 주는 기관으로 성장하게 하시기를 원합니다.

처음과 나중이신 예수님의 이름으로 기도드립니다. 아멘.

편성국장 박옥배
CBS 시무예배 대표기도
2009년 1월 2일

함께 가는 주님의 소중한 공동체 CBS

　오늘도 한결같이 저희를 지켜주시는 주님, 저희 기독교방송 전 직원이 한자리에 모여 예배를 드림으로 하루를 시작할 수 있게 해 주심을 먼저 감사드립니다. 주님의 몸인 기관의 한 지체로서 주어진 일에 최선을 다하는 오늘 하루가 될 수 있도록 이 시간 결단하오니, 우리를 붙들어 주시기를 원합니다.

　오늘 저희 방송이 나갈 방향을 결정하는 중요한 전 직원 회의가 있을 예정입니다. 어렵고 힘든 때일수록 서로가 서로를 격려하며 함께 가는 주님의 소중한 공동체가 될 수 있게 주께서 인도해 주시기를 원합니다. 오늘 하루도 사랑과 공의의 주님께 맡깁니다.

　예수 그리스도의 이름으로 기도드립니다. 아멘.

전남CBS 보도제작국장 박옥배
CBS 직원예배 대표기도
2005년 3월 31일

우리 민족을 구원으로
인도하는 도구 CBS

 길이요, 진리요, 생명이라고 스스로 말씀하신 하나님, 주일인 어제 각자 섬기는 교회에서 하나님을 예배하면서 주의 자녀가 된 본분을 다시 한번 확인케 하심을 감사합니다. 특별히 기독교방송 직원으로 세움 받은 저희가 오늘도 하루 업무를 시작하면서 시간을 정해 하나님께 경배와 찬양을 드립니다. 각자에게 맡겨진 업무를 감당하기에 부족함이 없도록 영육의 강건함을 허락해 주시기 원합니다.

 성령 하나님, 오늘 아침에 주신 말씀처럼 하나님 앞에 성령 충만한 사람으로 거듭나기를 원합니다. 아버지로 말미암지 않고는 구원에 이를 수 없다고 말씀하신 하나님, CBS 기독교방송이 우리 민족을 구원으로 인도하는 도구가 되게 하시니 감사합니다. 우리 국민에게 소망을 주는 언론기관으로 성장케 하심도 감사합니다.

기독교방송의 주인이신 하나님, CBS가 더욱 올곧은 기관으로 성장할 수 있도록 재단이사회와 이정식 사장님 등 임직원들의 건강과 회사의 재정에 이르기까지 모든 환경과 처지를 주님의 주장 하에 두기를 원합니다. 이 기관을 위해 물질과 기도로 후원하는 한국 교회와 성도들의 간절한 소망이 있습니다. 청취자들의 기대가 있습니다. CBS가 주님의 이름으로 행하는 모든 방송을 통해 한국 교회를 성장케 하시고, 우리 민족을 하나 되게 하시옵소서. 몸이 불편한 직원과 가족들이 있습니다. 하나님이 일일이 만져주셔서 고치고 회복되는 역사가 임하기를 원합니다. 특파원과 출장 중인 직원, 휴가 중인 직원들도, 이 시간 취재현장에 있는 직원들과 전국 13개 지역방송본부가 있는 처소도 하나님의 땅이오니 하나님이 동행해 주시옵소서.

좁은 문으로 들어가라고 말씀하신 예수님의 이름으로 기도드립니다. 아멘.

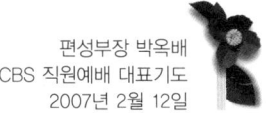

편성부장 박옥배
CBS 직원예배 대표기도
2007년 2월 12일

기드온의 3백 용사로 부름받은 CBS 직원들

지금은 자다가 깰 때라고 말씀하신 하나님, 주일인 어제 섬기는 교회에서 하나님을 예배하고, 한 주간을 시작하게 하심을 감사합니다. 무엇보다도 기독교방송 직원으로 부름받은 저희가 모든 힘의 근원이 하나님께 있음을 고백하면서 하루 일과를 시작합니다. 힘의 근원이 되시는 하나님께서 모든 직원에게 맡겨진 업무를 감당하기에 부족함이 없도록 영육이 강건한 복을 주시기 원합니다.

지난 반세기가 넘는 세월 동안 기독교방송을 인도하신 하나님, CBS가 더욱 올곧은 방송 선교기관으로 성장해 갈 수 있기를 원합니다. 여기 고개 숙인 직원 모두가 기드온의 3백 용사로 부름을 받았으니 기도하는 바가 하나님의 거룩하신 뜻 안에서 성취되는 역사를 우리의 눈으로 목도할 수 있게 하옵소서.

CBS를 위해 물질 후원과 기도를 쉬지 않는 재단이 사회와 한국 교회가 있습니다. 외국에 나가 있는 특파원과 출장이나 휴가 중인 직원들이 있습니다. 전국 13개 지역방송본부도 있습니다. 그곳 역시 하나님의 땅입니다. 하나님, 그들이 있는 곳에 오늘도 동행하시고, 친히 인도해 주시옵소서.

기도하며 늘 깨어 있으라고 거듭 당부하신 예수님의 이름으로 기도드립니다. 아멘.

편성부장 박옥배
CBS 직원예배 대표기도
2007년 6월 25일

한국 사회에
진리의 등불을 켜는 CBS

볼 수 없는 것을 보게 하시는 하나님, 기독교방송의 직원들이 시간을 정해 예배하는 아침을 주시니 감사합니다. 하나님의 부름받은 저희들이 각자에게 맡겨진 업무를 감당하기에 부족함이 없도록 오늘도 영육이 강건한 복을 주시기 원합니다. 지난 53년간 암울한 한국 사회에 진리의 등불을 켜게 하시고, 올곧은 언론기관으로 날마다 성장케 하신 하나님께 감사와 영광을 드립니다. 특히 이 기관을 위해 물질을 바치고, 기도로 후원해 준 한국 교회가 있습니다. 헌신한 선배 직원들이 있었습니다. 그들의 수고와 헌신을 기억하게 하시며, 무엇보다도 하나님의 인도하심이 있었음을 고백합니다.

하나님, 보이지 않는 하나님을 볼 수 있는 믿음을 주시기 원합니다. 보이지 않는 하나님을 증거하는 증인의 삶을 살기 원합니다. 한편으로는 보이는 형제자매를 사랑하는 마음도 허락해 주시기 원합니다. 임마누엘의 하나님, 전국 13개 지역방송본부와 해외특파원, 국내외에 출장 중이거나 휴가 중인 직원은 물론 휴직 중인 동료들과 늘 동행해 주시기 원합니다.

CBS의 주인이신 예수님의 이름으로 기도드립니다. 아멘.

편성부장 박옥배
CBS 직원예배 대표기도
2007년 7월 4일

아프가니스탄에 억류 중인 형제들이 공포로부터 해방되게 하소서

 길이요, 진리요, 생명이신 하나님, 오늘 하루도 CBS 이 기관의 길을 인도하시고, 이 기관이 주의 진리를 선포하게 되기를 원합니다. 기독교방송 직원으로 부름받은 저희 역시 우리의 생명이 주께 달려 있음을 고백합니다.

 역사의 주인이신 하나님, 척박한 땅에 CBS를 세우시고, 53년간 오로지 하나님의 은혜로 성장케 하셨음을 생각할 때에 감사드립니다. 오늘의 CBS가 있기까지 하나님의 은혜가 아닌 것이 하나도 없었습니다. 돌아보건대 날마다 기적이었습니다. 달마다, 해마다 하나님이 이루신 기적이었습니다. 그러나 우리의 눈이 어두워 하나님의 능력을 깨닫지 못했습니다.

 능력과 지혜의 근본이신 하나님, 오늘도 CBS 기독교

방송이 우리 민족을 구원으로 인도하는 도구가 되게 하시고, 우리 국민으로부터 온전히 신뢰를 받는 언론기관이 되게 하시옵소서.

생명의 주인이신 하나님, 아프가니스탄에 억류 중인 형제들을 기억하시고, 그들이 공포로부터 해방되게 하시기 원합니다. 울부짖는 가족들과 국민들의 염원을 외면하지 마시기를 원합니다. 더 이상의 희생자가 발생하지 않도록 하시며, 그들의 머리털 하나까지도 상하지 않도록 아버지의 품에 안아주시기 원합니다.

하나님, 휴가 중인 직원들이 많이 있습니다. 우기에 비 피해를 입지 않도록 하나님이 동행해 주시옵소서.

예수님의 이름으로 기도드립니다. 아멘.

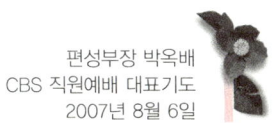

편성부장 박옥배
CBS 직원예배 대표기도
2007년 8월 6일

'우리는 CBS 뉴스를 듣고 싶다'던 국민에게 희망을 주는 방송

부활의 주인이신 하나님, 날마다 하나님의 백성으로 부활하게 하시니 감사합니다. 하나님의 부름받은 저희 직원들에게 오늘 하루도 부르심에 합당한 삶을 살도록 인도해 주시기 원합니다.

53년 전 CBS를 세우신 하나님, 폭압의 정권 아래 빼앗겼던 보도기능을 되찾은 지 20년이 됐습니다. '우리는 CBS 뉴스를 듣고 싶다'며 서명운동에 나섰던 국민들에게 희망을 주는 방송으로 거듭나게 하시옵소서. 특히 이 기관을 위해 물질로 기도로 후원해 준 한국 교회와 열악한 환경에도 불구하고 수고하고 헌신했던 선배 직원들의 수고와 헌신을 기억하게 하시옵소서.

임마누엘의 하나님, 이 시간 전국 지역방송본부와 해외특파원을 비롯한 모든 직원들에게 늘 힘을 공급해 주시기를 원합니다.

 CBS의 주인이며 부활하신 예수님의 이름으로 기도 드립니다. 아멘.

편성부장 박옥배
CBS 직원예배 대표기도
2007년 10월 19일

CBS가 대한민국의 미래를 예측하고, 제시하는 기관이 되게 하소서

새해에 소망을 주시는 하나님, 하나님 안에서 소망을 찾는 CBS 직원들이 한자리에 모여 아버지 앞에 머리를 숙입니다. 오늘도 스스로 겸비한 사람으로 하루를 살게 하시기 원합니다.

하나님, 저희 직원들에게 부르심에 합당한 뜻을 좇아 살아가게 하시옵소서. CBS를 청취하는 모든 사람들에게 소망을 안겨주는 방송이 되게 하시고, CBS가 대한민국의 미래를 예측하고, 제시하는 기관이 되게 하시옵소서.

하나님, 이 기관을 위해 물질로, 기도로 후원하는 많은 한국 교회가 있습니다. 한국 교회와 더불어 우리 민족을 하나님께로 인도하는 방송기관이 되게 하시옵소서.

신실하신 하나님, 1월에 생일을 맞는 직원들과 신입사원들, 또 특파원으로 가 있는 두 분과 전국 13개 지역방송본부의 모든 직원들에게도 함께 하셔서 그들의 처지와 환경을 주장하시기를 원합니다. 약속을 성취하시는 하나님, 오늘도 우리의 머리가 되어 주시옵소서.

CBS의 주인이신 예수 그리스도의 이름으로 기도드립니다. 아멘.

편성부장 박옥배
CBS 직원예배 대표기도
2008년 1월 7일

CBS의 시대적 예언자와
제사장 역할을 위하여

인류 역사를 주관하시는 하나님 아버지, CBS 기독교방송이 지난 55년간 흑암의 땅을 밝히는 등불이 되게 하신 것을 감사합니다. 때로는 민족의 고난과 상처를 싸매주고, 때로는 시대의 양심으로 국민에게 소망을 주는 매체가 되게 하셨음을 감사드립니다.

CBS의 소망이 되시는 하나님, 지난 시무예배 때 가졌던 새로운 각오와 다짐으로 다시 한번 날마다 새롭게 하시는 하나님의 역사를 간구합니다. CBS 재단이사회와 전국의 13개 지역방송본부, CBSi와 노컷뉴스 등 CBS를 이루는 모든 구성원 한 사람 한 사람을 심지가 견고한 자로 세워주시기를 원합니다. 모두를 평강에 평강으로 지켜주실 줄로 믿습니다.

위기와 절망을 말하는 때에 이재천 사장님을 세우신 하나님, 이재천 사장님의 영육이 강건케 하셔서 담대한 리더십으로 지금의 위기를 벗어날 수 있도록 인도하시옵소서. 발에 힘을 주시고, 하나님이 친히 동행하셔서 CBS의 경영이 형통하도록 인도해 주시옵소서. 그래서 CBS가 세상을 향해서는 시대의 예언자로, 또 한국 교회와 성도들에게는 제사장의 역할을 감당케 하시기를 원합니다.

CBS의 주인이신 하나님 아버지, 이 시간 머리 숙여 기도하는 직원들이 오늘 하루 충성된 종으로서 청지기 직분을 잘 감당케 하시며, 각자 섬기는 교회를 위해서도 귀하게 쓰임 받을 뿐 아니라 각 가정과 자녀들이 주 안에서 화평케 하시옵소서.

혼탁한 세상에서 지혜를 구하고, 영적인 분별력을 구하라고 말씀하신 예수님의 이름으로 기도드립니다. 아멘.

편성국장 박옥배
CBS 직원예배 대표기도
2009년 6월 9일

청지기 직분을 감당하는
CBS를 위하여

인류 역사를 주관하시는 하나님 아버지, CBS 기독교방송이 지난 55년간 시대를 밝히는 등불이 되게 하신 것을 감사합니다. 때로는 민족의 고난과 상처를 싸매주고, 때로는 시대의 양심으로 국민에게 소망을 주는 매체가 되게 하셨음을 감사드립니다.

CBS의 소망이 되시는 하나님, 지난 시무예배 때 가졌던 새로운 각오와 다짐으로 다시 한번 날마다 새롭게 하는 하나님의 역사를 간구합니다. CBS 재단이사회와 전국의 13개 지역방송본부, CBSi와 노컷뉴스 등 CBS를 이루는 모든 구성원 한 사람 한 사람을 평강에 평강으로 지켜주실 줄로 믿습니다.

이재천 사장님을 비롯한 모든 직원들을 시대의 소명을 따라 불러 주셨사오니 모든 직원들의 영육을 강건케 하시옵소서. 그래서 CBS가 세상을 향해서는 시대의 예언자가 되게 하시고, 한국 교회와 성도들을 섬기는 사람이 되게 하시기를 원합니다.

CBS의 주인이신 하나님 아버지, 이 시간 머리 숙여 기도하는 직원들이 오늘 하루 충성된 종으로서 청지기 직분을 잘 감당케 하시며, 각자 섬기는 교회를 위해서도 귀하게 쓰임 받을 뿐 아니라 각 가정과 자녀들이 주 안에서 화평케 하시옵소서.

율법으로는 죄인이지만 오직 은혜로 다가오시기를 원합니다. 언약을 성취하시는 예수님의 이름으로 기도드립니다. 아멘.

편성국장 박옥배
CBS 직원예배 대표기도
2010년 1월 29일

칼을 쳐 보습을 만드는 역사를 위하여

죄인을 구원하시려고 무죄하신 독생자를 내어주신 하나님 아버지, 2010년 고난주간을 맞아 CBS 직원들이 한자리에 모여 주님이 당하신 고난의 의미를 되새기는 특별예배를 갖습니다. 성령 하나님이 이곳에 친히 임재하시기를 원합니다. 죄가 없으신 예수 그리스도께서 세상의 모든 죄악을 담당하심으로 죄인인 우리에게는 죄사함의 은총이 주어졌음을 믿습니다. 모든 죄를 십자가에 못 박은 저희들이 주님과 함께 부활할 것을 또한 믿습니다. 부활의 소망을 가진 저희들이 다시 한번 새롭게 거듭나게 하시고 주께서 CBS의 직원으로 세워주신 부르심을 따라 각자 직분에 따른 사명을 잘 감당할 수 있도록 인도해 주옵소서. 특히 주께서 저희를 위해 돌아가신 뜻을 따라 저희들도 형제와 이웃을 위해, 더 나아가 민족과 열방을 위해 헌신하게 하시기를 원합니다.

세상의 평화를 위해 독생자를 아끼지 않으신 하나님 아버지, 며칠 전 초계함이 침몰하는 사고로 인해 애곡하는 소리가 지금 바다를 덮고 있습니다. 주께서 위로하는 영으로 오셔서 위로하시고, 수습하는 모든 절차를 친히 주장해 주시기를 원합니다. 우리 민족에게 은혜 위에 은혜를 베풀어 주시고, 칼을 쳐 보습을 만드는 역사를 이루어 주시옵소서.

말씀으로 천지를 창조하신 하나님, 이 시간 정동제일교회를 담임하시는 송기성 목사님을 통해 주실 말씀을 사모합니다. '십자가 신앙으로 사는 사람들'이라는 제목으로 주실 말씀이 저희의 심령과 골수를 쪼개는 거룩한 말씀이 되게 하시옵소서. 말씀을 대언하시는 목사님의 영육을 강건케 도우셔서 한국의 어머니교회인 정동제일교회를 섬기는 목자로서 125년 교회 역사를 이어가는 데에 부족함이 없도록 성령 충만케 하시기를 원합니다.

이 시간, 기술국 직원들이 입술을 열어 하나님을 찬양하게 됩니다. 그들의 손과 발을 통해 이루어지는 모두 방송 사역이 하나님 나라의 지경을 넓히는 데에 소중한 도구가 되게 하시기를 원합니다.

이재천 사장님에서 12명의 신입사원에 이르기까지, 또 CBS 재단이사회와 전국의 13개 지역방송본부, CBSi와 노컷뉴스 등 CBS를 이루는 모든 지체들에게도 동일한 은혜를 베풀어 주옵소서.

제자들의 발을 씻기신 예수님 이름으로 기도합니다. 아멘.

선교협력국장 박옥배
정동제일교회 송기성 목사 초청
고난주간 CBS 특별직원예배 대표기도
2010년 4월 1일

'CBS를 전 세계로'
특별 생방송을 위하여

 세상 죄에서 우리를 구원하신 하나님 아버지, 독생자 예수 그리스도를 이 땅에 보내셔서 저를 믿는 자마다 구원의 은총을 주시니 감사합니다. 매일 아침 9시 CBS 직원들이 모여 예배하는 이곳에 오늘은 왕성교회 길자연 목사님을 보내주셔서 하나님의 말씀을 운반하도록 인도해 주신 것을 감사합니다. 길자연 목사님에게 영육이 강건한 복을 허락하셔서 왕성교회와 한국교회를 섬기는 데 부족하지 않고, 나아가 아이티를 비롯한 세계 각지를 선교하는 일에 귀하게 쓰임 받도록 인도해 주옵소서.

 성령 하나님, 이곳에 친히 임재하셔서 '정상에 선 인생'이라는 제목으로 하나님의 말씀이 선포될 때 감화 감동하는 역사가 일어나게 인도해 주시기를 원합니다. CBS의 직원으로 부름받은 저희의 머리에 기름 부으심의 역사기 일이니 우리 민족과 세계 열방을 향해 복음을 선포하게 하시옵소서.

찬양을 기쁘게 받으시는 하나님, 21번째 갖는 CBS창작복음성가제가 오늘 저녁 백석대학교에서 열립니다. 지난 20년간 창작복음성가제가 배출한 찬양가수들의 입술을 통해 하나님이 영광을 받으신 줄 믿습니다. 오늘 경연대회 현장에도 하나님이 임재하시고, 출연하는 7개 팀과 특별공연하는 분들, 또 여러 스태프들의 수고와 헌신을 통해 하나님만 홀로 영광을 받으시기 원합니다.

56년 전 흑암의 땅에 CBS를 세우신 하나님, 방송 선교를 통해 수많은 생명을 구원하고, 우리 민족을 복음화 하는 도구로 CBS를 써 주신 것을 감사합니다. 이제는 하나님 나라의 영토를 전 세계로 확장하는 도구로 쓰임 받고자 합니다. 다음 주 금요일 'CBS를 전 세계로'라는 주제로 CBS를 후원하는 특별 모금 생방송을 진행하게 됩니다. 한국 교회와 성도, 시청자들이 CBS의 귀한 사역에 기꺼이 동참하게 하시고, 직원으로 부름받은 저희에게는 더 큰 열정과 헌신하는 마음을 허락해 주옵소서. 그래서 CBS가 하나님이 주신 비전을 더욱 힘있게 감당할 수 있도록 인도하옵소서.

CBS 재단이사회와 전국의 13개 지역방송본부, CBSi와 노컷뉴스 등 CBS를 이루는 모든 지체들에게도 한마음으로 동역하게 하옵소서.

예수님 이름으로 기도합니다. 아멘.

선교협력국장 박옥배
왕성교회 길자연 목사 초청
CBS 직원예배 대표기도
2010년 10월 21일

모든 지체가 같은 비전을 품는 CBS

인류를 죄에서 구원하신 하나님 아버지, 하나밖에 없는 아들 예수 그리스도를 보내주셔서 저를 믿는 자마다, 구원의 은총을 허락해 주시니 감사합니다.

기도를 쉬는 죄를 엄히 경고하셨던 하나님, 기도의 사람 다니엘이 날마다 예루살렘으로 향한 창문을 열고 기도했던 것처럼 전국의 CBS 직원들이 시간을 정해 아침 9시에 하나님을 예배하고, 기도합니다. 특히 이번 주간에는 신앙강화주간으로 정해 사흘간 말씀의 은혜를 사모하며 특별예배를 드리고 있습니다.

오늘은 지구촌교회를 섬기는 조봉희 목사님을 보내주셔서 '평균 이상을 지향하자'는 제목으로 하나님의 말씀을 운반케 하시니 감사합니다. 조봉희 목사님의 영육을 더욱 강건케 하셔서 지구촌교회와 한국 교회,

나아가 세계선교에 귀하게 쓰임 받도록 인도해 주옵소서.

성부, 성자, 성령 삼위일체가 되시는 하나님, CBS의 직원으로 부름받은 저희가 머리 숙여 기도하는 이 시간, 각자의 머리 위에 하나님의 오른손으로 안수하시고, 친히 기름 부으셔서 오늘 하루도 시대의 예언자로서, 제사장으로서 부족하지 않도록 인도하옵소서.

56년 전 전쟁으로 상처 난 이 땅 위에 CBS를 세우신 하나님, 아버지께서 세우신 목적을 따라 그동안 수많은 생명을 구원하고, 우리 민족을 복음화하는 도구로 CBS를 사용해 주신 줄로 믿습니다. 이제 하나님 나라의 지경을 전 세계로 확장하기 위해 전 직원이 마음을 모아 'CBS를 전 세계로'라는 주제의 특별후원방송을 마쳤습니다. 특별 모금에 기꺼이 동참했던 한국 교회와 성도, 시청자들의 기도제목대로 CBS가 하나님이 주신 비전을 더욱 힘 있게 감당할 수 있도록 인도하옵소서. 특히 CBS 재단이사회와 전국 각 지역본부, CBSi와 노컷뉴스 등 CBS를 이루는 모든 지체들뿐 아니라 CBS사

위에 입주한 모든 업체들까지도 같은 비전을 품게 인도하옵소서.

찬양 가운데 거하시는 하나님, 기획조정실과 선교본부 직원들이 하나님의 성호를 찬양하게 됩니다. 이들의 심령이 주님의 것이라고 고백하오니 주님의 형상으로 만들어 사용해 주옵소서. 또한 이들의 입술로 찬양하는 고백이 우리 모두의 고백이 되게 하시옵소서.

예수님의 이름으로 기도합니다. 아멘.

선교협력국장 박옥배
지구촌교회 조봉희 목사 초청
신앙강화주간 CBS 직원특별예배 대표기도
2010년 11월 12일

예수 그리스도의 좋은 군사, CBS

하나님 아버지, CBS 직원들이 하나님의 부르심을 따라 일터에 나와 하나님을 예배합니다. 오늘 하루도 각자에게 맡겨진 업무를 잘 감당할 수 있도록 인도해 주옵소서. 예수 그리스도의 좋은 군사로 부름받은 자로서 승리하는 하루가 되게 하옵소서.

평화의 왕이신 하나님 아버지, 남북으로 갈려 대치하고 있는 우리 민족을 불쌍히 여겨주시고, 우리 민족이 병거와 말을 자랑하지 않고 칼을 쳐 보습을 만드는 새로운 역사를 이루게 하시기를 원합니다.

말씀으로 천지만물을 창조하신 하나님, 하나님의 말씀을 전파하는 CBS가 하나님 나라의 확장을 위해 소중한 도구로 쓰임을 받을 수 있도록 모든 직원들의 영육을 강건케 도와주시옵소서.

내일부터 있을 명성교회 특별새벽기도회 중계와 마라톤 대회의 진행을 원만케 도우시고, 이번 주간에 있을 국가조찬기도회 중계와 김동규 음악회, 또 신입사원 모집 절차에 이르기까지 CBS 직원들이 기도로 준비하는 모든 사역 위에도 하나님이 동행해 주옵소서.

재단이사회와 13개 지역방송본부, CBSi와 노컷뉴스 등 CBS를 이루는 모든 구성원들이 합력하는 역사를 이루게 하옵소서.

예수님 이름으로 기도합니다. 아멘.

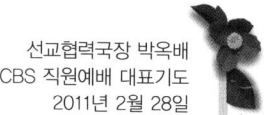

선교협력국장 박옥배
CBS 직원예배 대표기도
2011년 2월 28일

그리스도의 제자와
군사로 부름받은 CBS

거룩하신 하나님 아버지, 광주CBS 직원들이 하나님이 허락하신 일터에 나와 업무를 시작하기 전 하나님 앞에 예배하는 시간을 주시니 감사합니다. 오늘 하루도 각자에게 맡겨주신 업무를 기쁨으로, 보람으로 감당할 수 있도록 힘과 지혜와 명철을 허락해 주시옵소서. 예수님의 제자로서, 예수님의 군사로서, 예수님의 부름받은 자로서 부족하지 않은 하루 일과를 보내게 도와주시옵소서.

말씀으로 천지만물을 창조하신 하나님 아버지, 지난 7월 하나님이 CBS 재단이사장으로 세우신 전병금 목사님을 오늘 아침 광주CBS 직원예배에 보내주셔서 하나님의 귀한 말씀을 전해 주시는 은혜 주신 것을 감사합니다. 목사님이 섬기시는 교회가 반석 위에 든든히 서가는 교회로 더욱 성장케 도우시고, 목사님을 강건케 하셔서 말씀을 전할 때마다 주의 권능이 임하고, 성령을 체험하는 역사가 곳곳에서 일어나게 하옵소서.

하나님 아버지, 다음 달에 있을 '이미자 콘서트'와 '장혜진 콘서트'의 모든 출연자와 스태프들을 도우시고, 행사를 위해 수고하는 직원들에게도 최선의 능력을 다할 수 있도록 인도해 주옵소서. 해외연수 중인 조기선 기자와 출타 중인 직원, 여기 고개 숙인 모든 직원의 가정과 섬기는 교회도 주님 안에서 지켜 보호해 주옵소서. CBS의 몸을 이루는 재단이사회와 사장님, 전국의 13개 지역본부 등 모든 구성원들에게도 하나님의 은혜와 사랑이 넘치는 하루가 되기를 원하옵고, 우리를 죄에서 구원하신 예수 그리스도의 이름으로 기도합니다. 아멘.

광주CBS 본부장 박옥배
CBS 재단이사장 전병금 목사 초청
광주CBS 직원예배 대표기도
2011년 9월 5일

순교의 피가 흐르는 일본 땅이 온전히 하나님의 땅으로 회복되게 하소서

사랑의 하나님, 광주CBS 직원들이 매일 아침 이 시간, 이곳에 모여 하나님을 예배함으로 하루의 일과를 시작하게 하시니 감사합니다. 특별히 오늘은 일본 바나바복음선교회 선교사님들과 이들을 후원하며 기도하는 목사님, 성도들과 함께 예배하게 하시니 감사합니다.

온 열방 가운데 홀로 영광을 받으시는 하나님, 일본을 품고 기도합니다. 오래전 복음의 씨앗이 뿌려져 순교의 피가 흐르는 일본 땅이 온전히 하나님의 땅으로 회복되기를 원합니다. 일본 열도의 복음화를 위해 사시사철, 주야로 부르짖으며 기도하며 헌신하는 선교사들에게 곤비치 않는 열정을 주시고, 평안과 건강을 더해 주옵소서.

이번 광주전남지역 방문 기간 동안 목회자 리더십

세미나와 집회로, 새벽기도회로, 순교지와 선교지 방문을 통해 일찍이 한국 땅에 떨어진 복음의 씨앗이 고난과 핍박을 견뎌내며 어떻게 열매를 맺게 됐는지 돌아보는 시간을 갖고 있습니다. 전체 일정 가운데 성령 하나님이 동행해 주시고, 두고 온 가정과 사역지에 급한 소식이 없도록 인도해 주옵소서.

50년 전 광주에 CBS를 세우신 하나님, 우리 직원 모두에게도 지혜와 명철을 주시고, 하나님을 사모하는 마음으로 오늘의 일과를 수행케 도와주시옵소서. 이 기관을 위해 물질과 기도로 헌신하는 교회와 성도, 시청자들에게도 하나님의 은혜와 사랑으로 충만케 하옵소서. 말씀을 선포해주시는 황영준 목사께도 성령 충만한 가운데 하나님의 능력 있는 말씀을 전해 주실 수 있도록 은혜 위에 은혜를 더해 주옵소서.

생명을 살리고, 구원의 복된 소식으로 오신 예수님의 이름으로 기도드립니다. 아멘.

광주CBS 본부장 박옥배
일본 바나바복음선교회 방문 광주CBS 직원예배 대표기도
2011년 10월 25일

각자 섬기는 교회에서도 충성을 다하는 CBS 직원이 되게 하소서

12월 첫날을 열어 주신 하나님 아버지, CBS 광주방송본부 직원들이 하루 업무를 시작하기 전 시간을 정해 하나님을 예배함으로써 주님의 제자로서의 삶을 다짐하게 하시니 감사합니다. 오늘도 저희에게 맡겨주신 귀한 업무를 감당하고 남을 수 있는 힘과 지혜와 명철, 건강을 주시옵소서.

말씀으로 세상을 창조하신 하나님 아버지, 특별히 오늘은 광주순복음교회를 담임하시는 임석명 목사님을 직원예배에 보내주셔서 감사합니다. 목사님이 섬기시는 광주순복음교회가 더욱 성장하게 도우시고, 지역을 복음화하고, 민족을 구원하는 사역을 더욱 힘차게 감당할 수 있도록 인도해 주시옵소서. 임석명 목사님을 강건케 하셔서 하나님의 말씀을 선포할 때마다 성령이 임재하는 놀라운 역사가 일어나게 인도하옵소서.

하나님 아버지, 올해도 다 지나 이제 한 달을 남겨 놓고 있습니다. 세월을 아끼라 당부하셨사오니 12월 한 달도 온 열정을 다해 이 기관을 섬기고, 하나님이 주신 축복의 선물인 가정이 복되고, 각자 섬기는 교회에서도 충성을 다하는 직원들이 되게 하옵소서. 해외연수 중인 직원과 출타해 외근하거나 오늘 서울 가는 직원들, 휴가 중인 직원은 물론 여기 고개 숙인 모든 직원의 기도제목도 하나님의 거룩하신 뜻 안에서 응답되게 하옵소서. CBS 재단이사회와 전국의 13개 지역본부에 속한 모든 직원들에게도 같은 은혜와 평강이 임하기를 원합니다.

예수 그리스도의 이름으로 기도합니다. 아멘.

광주CBS 본부장 박옥배
광주순복음교회 임석명 목사 초청
광주CBS 직원예배 대표기도
2011년 12월 1일

주어진 업무를 기쁨과 보람으로 감당할 수 있게 하소서

거룩하신 하나님 아버지, 광주CBS 직원들이 하나님이 허락하신 일터에 나와 업무를 시작하기 전 하나님 앞에 예배하는 시간을 주시니 감사합니다. 오늘 하루도 각자에게 맡겨주신 업무를 기쁨으로, 보람으로 감당할 수 있도록 힘과 지혜와 명철을 허락해 주시옵소서. 예수님의 제자로서, 예수님의 군사로서, 예수님의 부름받은 자로서 부족하지 않은 하루 일과를 보내게 도와주시옵소서.

말씀으로 천지만물을 창조하신 하나님 아버지, 광주성시화운동본부 대표회장으로 지역복음화와 성시화를 위해 헌신하시는 채영남 목사님을 광주CBS 직원예배에 보내주셔서 하나님의 귀한 말씀을 전해 주시는 은혜를 주신 것을 감사합니다. 목사님이 섬기시는 본향교회가 반석 위에 든든히 서가는 교회로 더욱 성장케 도우시고, 목사님을 강건케 하셔서 말씀을 전할 때마다 주의 권능이 임하고, 성령을 체험하는 역사가 곳곳에서 일어나게 하옵소서.

하나님 아버지, 이달에 있을 뮤지컬 '비보이를 사랑한 발레리나' 공연의 모든 출연자와 스태프들을 도우시고, 행사를 위해 수고하는 직원들에게도 최선의 능력을 다할 수 있도록 인도해 주옵소서. 해외연수 중인 직원과 출타 중인 직원, 여기 고개 숙인 모든 직원의 가정과 섬기는 교회도 주님 안에서 지켜 보호해 주옵소서. CBS의 몸을 이루는 재단이사회와 사장님, 전국의 13개 지역본부 등 모든 구성원들에게도 하나님의 은혜와 사랑이 넘치는 하루가 되기를 원하옵고, 우리를 죄에서 구원하신 예수 그리스도의 이름으로 기도합니다. 아멘.

광주CBS 본부장 박옥배
본향교회 채영남 목사 초청
광주CBS 직원예배 대표기도
2012년 3월 2일

CBS가 미디어 선교와
올곧은 방송 매체로 서게 하소서

 '내가 거룩하니 너희도 거룩하라'고 말씀하신 하나님 아버지, 광주CBS 직원들을 포함한 전국의 기독교방송 직원들이 하루의 업무를 시작하기 전에 오전 9시, 이 시간을 정해 하나님 앞에 거룩한 마음으로 예배하게 하시니 감사합니다. 오늘 하루, 저희에게 맡겨주신 업무를 감사함으로, 기쁨으로 감당할 수 있도록 발에 힘을 주시고, 머리에 지혜와 명철을 주시옵소서.

 우리를 CBS 직원으로 세워주신 하나님, 제19대 총선을 앞두고 후보자들을 초청한 방송과 취재에 수고하는 모든 지체들에게 곤비치 않는 힘을 주시옵소서. 특히 고난주간에 우리의 몸을 더욱 정결케 하시고, 돌아오는 부활주일에 광주시청 앞 문화광장에서 열리는 광주광역시부활절연합예배 실황을 라디오 중계 방송하는 일에도 성심을 다할 수 있도록 인도하옵소서.

말씀의 은혜를 주시기 위해 김종이 목사님을 저희에게 보내주신 하나님 아버지, 오직 복음 전도를 위해 헌신하시는 목사님에게 성령 충만함을 허락해 주시옵소서. 섬기는 성림침례교회를 통해서도 지역과 민족 복음화를 이루어주실 줄 믿습니다.

　51년 전 빛고을 광주 땅에 CBS를 세워주신 하나님 아버지, 방송 선교를 위해 기도하고 후원 헌금을 보내주시는 교회와 성도들의 손길을 기억하시며, CBS가 더욱 힘 있게 미디어 선교와 올곧은 방송 매체로서의 책무를 다하게 하옵소서. 해외 연수 중인 직원과 출타 중이거나 휴가 중에 있는 직원은 물론 여기 고개 숙인 모든 직원들에게 축복의 선물로 허락하신 가정과 이들이 각자 섬기는 교회에도 주께서 주시는 평안으로 가득 차게 하옵소서. CBS 재단이사회와 전국의 13개 지역본부에도 동일한 은혜를 주시옵소서.

　구주 예수님의 이름으로 기도합니다. 아멘.

광주CBS 본부장 박옥배
성림침례교회 김종이 목사 초청
광주CBS 직원예배 대표기도
2012년 4월 3일

방송 선교를 위해 기도하고 후원하는 자들을 기억하소서

 '믿음의 주, 예수만 바라보라'고 말씀하신 하나님 아버지, 광주CBS 직원들을 포함한 전국의 기독교방송 직원들이 하루의 업무를 시작하기 전에 하나님을 예배합니다. 하나님 앞에 거룩한 마음으로 예배하도록 인도해 주시옵소서. 오늘 하루, 저희에게 맡겨주신 귀한 업무를 기쁨과 감사함으로 감당할 수 있도록 저희에게 힘을 주시고, 지혜와 명철을 더해 주시옵소서.

 우리를 CBS 직원으로 세워주신 하나님, 말씀의 은혜를 주시기 위해 윤정중 목사님을 저희에게 보내주셔서 감사합니다. 오직 복음 전도를 위해 헌신하시고 기도하시는 목사님에게 성령 충만함을 허락해 주시옵소서. 섬기는 광주새순교회를 통해서도 지역과 민족, 세계 복음화를 이루어 주실 줄 믿습니다.

51년 전 빛고을 광주 땅에 CBS를 세워주신 하나님 아버지, 방송 선교를 위해 기도하고 후원 헌금을 보내주시는 교회와 성도들의 손길을 기억하시며, CBS가 더욱 힘 있게 미디어 선교와 올곧은 방송 매체로서의 책무를 다하게 하옵소서. 해외 연수 중인 직원과 출타 중이거나 휴가 중에 있는 직원과 동행해 주시옵소서. 여기에 고개 숙인 모든 직원들에게 축복의 선물로 허락하신 가정과 이들이 각자 섬기는 교회에도 주께서 주시는 평안으로 가득 차게 하옵소서. CBS 재단이사회와 전국의 13개 지역본부에도 같은 은혜를 허락해 주시옵소서.

예수님의 이름으로 기도합니다. 아멘.

광주CBS 본부장 박옥배
새순교회 윤정중 목사 초청
광주CBS 직원예배 대표기도
2012년 5월 2일

시대의 양심을 담은 언론기관의 책무를 다하게 하소서

'항상 기뻐하라. 쉬지 말고 기도하라. 범사에 감사하라'고 말씀하신 주님, 부름받은 광주CBS 직원들이 하루의 업무를 시작하기 전에 이곳에 모였습니다. 하나님을 예배하는 이 시간에 성령으로 임재하시고, 오늘 하루, 저희들이 근무하는 동안 힘과 지혜와 명철을 더해 주시옵소서.

말씀을 전파하는 기관에 우리를 세워주신 하나님, 광주서문교회를 섬기는 조동원 목사님을 보내주셔서 말씀을 사모하는 시간을 주시니 감사합니다. '영광스러운 구원'이라는 제목으로 하나님의 말씀을 운반할 때 놀랍고 크신 하나님의 구원 역사를 이루어 주시옵소서. 지역 복음화와 민족 구원, 세계선교를 위해 헌신하시는 조동원 목사님에게 성령 충만하게 도우시고, 섬기는 광주서문교회가 날로 새로워져 온 성도가 그리스도이신 예수님을 닮은 제자로 세워질 수 있도록 인도해 주시옵소서.

51년 전 광주CBS를 세워주신 하나님 아버지, 복음전도를 위한 방송 선교에 더욱 심혈을 기울이는 매체가 되게 하시고, 시대의 양심을 담은 언론기관으로서의 책무도 다할 수 있게 하옵소서. 이 일을 위해 기도와 헌금으로 후원하는 교회와 성도, 시·청취자들을 기억해 주시옵소서. 내일과 모레 있을 뮤지컬 공연에 출연하는 출연자와 스태프, 관계자들의 안전을 지켜주옵소서. 휴가 중이거나 외근 중인 직원, 또 해외연수 중인 직원에 이르기까지 한 사람, 한 사람을 주의 눈동자같이 보호해 주옵소서. 이들이 섬기는 교회와 이들에게 허락하신 가정 위에도 하나님이 주시는 복이 임하게 하옵소서. 한국 교회가 파송한 CBS 재단이사회와 전국의 13개 지역본부에도 동일한 은혜가 임할 줄 믿습니다.

구원의 주, 예수님의 이름으로 기도합니다. 아멘.

광주CBS 본부장 박옥배
광주서문교회 조동원 목사 초청
광주CBS 직원예배 대표기도
2012년 6월 1일

복음전도에 더욱 심혈을 기울이는 매체가 되게 하소서

'항상 기뻐하라. 쉬지 말고 기도하라. 범사에 감사하라'고 말씀하신 주님, 부름받은 광주CBS 직원들이 하루의 업무를 시작하기 전에 이곳에 모였습니다. 하나님을 예배하는 이 시간에 성령으로 임재하시고, 오늘 하루, 저희들이 근무하는 동안 힘과 지혜와 명철을 더해 주시옵소서.

말씀을 전파하는 기관에 우리를 세워주신 하나님, 신안교회를 섬기는 우수명 목사님을 보내주셔서 말씀을 사모하는 시간을 주시니 감사합니다. '별과 같이 빛나는 인생'이라는 제목으로 하나님의 말씀을 운반할 때 놀랍고 크신 하나님의 구원 역사를 이루어 주시옵소서. 지역 복음화와 민족 구원, 세계선교를 위해 헌신하시는 우수명 목사님에게 성령 충만하게 도우시고, 섬기는 신안교회가 날로 새로워져 온 성도가 그리스도이신 예수님을 닮은 제자로 세워질 수 있도록 인도해 주시옵소서.

51년 전 광주CBS를 세워주신 하나님 아버지, 복음전도를 위한 방송 선교에 더욱 심혈을 기울이는 매체가 되게 하시고, 시대의 양심을 담은 언론기관으로서의 책무도 다할 수 있게 하옵소서. 이 일을 위해 기도와 헌금으로 후원하는 교회와 성도, 시·청취자들을 기억해 주시옵소서. 오는 9월에 있을 공연에 출연하는 출연자와 스태프, 관계자들의 안전을 지켜주옵소서. 휴가 중이거나 외근 중인 직원, 또 해외 연수 중인 직원에 이르기까지 한 사람, 한 사람을 주의 눈동자같이 보호해 주옵소서. 이들이 섬기는 교회와 이들에게 허락하신 가정 위에도 하나님이 주시는 복이 임하게 하옵소서. 한국 교회가 파송한 CBS 재단이 사회와 전국의 13개 지역본부에도 동일한 은혜가 임할 줄 믿습니다.

구원의 주, 예수님의 이름으로 기도합니다. 아멘.

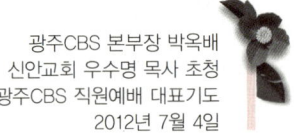

광주CBS 본부장 박옥배
신안교회 우수명 목사 초청
광주CBS 직원예배 대표기도
2012년 7월 4일

51년간 시대의 일꾼으로 부름받은 광주CBS 직원들의 감사예배

51년 전 광주CBS를 세워주신 하나님 아버지, 이 시대에 일꾼으로 부름받은 광주CBS 직원들이 51년간 광주CBS를 지켜주신 하나님께 창립기념예배를 드립니다. 하나님께 감사하고, 영광을 돌려드리는 이 예배시간에 성령으로 임재하시고, 예배하는 저희에게 힘과 지혜와 명철을 더해 주시옵소서.

CBS를 세우신 하나님, CBS 기독교방송이 복음전도를 위한 방송 선교에 더욱 심혈을 기울이는 매체가 되게 하시고, 시대의 양심을 담은 언론기관으로서의 책무도 다할 수 있게 하옵소서. 이 선한 일을 위해 날마다 기도와 헌금으로 후원하는 교회와 성도, 시·청취자들을 기억해 주시옵소서.

말씀을 전파하는 기관에 우리를 세워주신 하나님, 광주광역시기독교교단협의회(광교협) 회장으로 섬기는 윤세간 목사님을 보내주셔서 하나님의 말씀을 대언케 하시니 감사합니다. '기회를 선용합시다'라는 제목으로 하나님의 말씀을 전할 때 놀랍고 크신 하나님의 구원 역사를 이루어 주시옵소서. 지역 복음화와 민족 구원, 세계 선교를 위해 광교협 회장으로 헌신하시는 윤세관 목사님에게 성령 충만하게 도우시고, 개척해 섬기는 풍암계림교회가 날로 새로워져 온 성도가 그리스도이신 예수님을 닮은 제자로 세워질 수 있도록 인도해 주시옵소서.

작은 신음에도 응답하시는 하나님, 다음 달에 있을 51주년 기념 공연에 출연하는 출연자와 스태프, 관계자들의 안전을 지켜주옵소서. 휴가 중인 직원 한 사람, 한 사람을 주의 눈동자같이 보호해 주옵소서. 각자 섬기는 교회와 이들에게 허락하신 가정 위에도 하나님이 주시는 복이 넘치게 도와주시옵소서. 한국 교회가 파송한 CBS 재단이사회와 전국의 13개 지역본부에도 동일한 은혜가 임할 줄 믿습니다.

예수님의 이름으로 기도합니다. 아멘.

광주CBS 본부장 박옥배
광주광역시기독교교단협의회 대표회장 윤세관 목사 초청
광주CBS 창립 51주년 기념예배 대표기도
2012년 8월 1일

태풍 볼라벤으로 쓰러진 송신 안테나를 하루빨리 복구하게 도우소서

 죄인 한 사람을 부르러 오신 주님, 복음을 증거하는 기관에 부름받은 광주CBS 직원들이 오늘도 하루의 업무를 시작하기 전에 하나님을 예배합니다. 하나님을 예배하는 이 시간에 성령으로 임재하시고, 오늘 하루, 저희가 근무하는 동안 힘과 지혜와 명철을 더해 주시옵소서.

 말씀을 전파하는 기관에 우리를 세워주신 하나님, 광주다일교회를 섬기는 김의신 목사님을 보내주셔서 말씀을 사모하는 시간을 주시니 감사합니다. '복음방송'이라는 제목으로 하나님의 말씀을 운반할 때 놀랍고 크신 하나님의 구원 역사를 이루어 주시옵소서. 지역 복음화와 민족 구원, 세계선교를 위해 헌신하시는 김의신 목사님에게 성령 충만하게 도우시고, 섬기는 광주다일교회가 날로 새로워져 온 성도가 그리스도이신 예수님을 닮은 제자로 세워질 수 있도록 인도해 주시옵소서.

51년 전 광주CBS를 세워주신 하나님 아버지, 복음전도를 위한 방송 선교에 더욱 심혈을 기울이는 매체가 되게 하시고, 시대의 양심을 담은 언론기관으로서의 책무도 다할 수 있게 하옵소서. 이 일을 위해 기도와 헌금으로 후원하는 교회와 성도, 시·청취자들을 기억해 주시옵소서. 태풍 볼라벤의 영향으로 쓰러진 송신 안테나를 하루빨리 복구할 수 있게 도우소서. 오는 11일에 있을 공연에 출연하는 출연자와 스태프, 관계자들의 안전을 지켜주옵소서. 외근 중인 직원, 또 해외연수 중인 직원에 이르기까지 한 사람, 한 사람을 주의 눈동자같이 보호해 주옵소서. 이들이 섬기는 교회와 이들에게 허락하신 가정 위에도 하나님이 주시는 복이 임하게 하옵소서. 한국 교회가 파송한 CBS 재단이사회와 전국의 13개 지역본부에도 동일한 은혜가 임할 줄 믿습니다.

구원의 주, 예수님의 이름으로 기도합니다. 아멘.

광주CBS 본부장 박옥배
광주다일교회 김의신 목사 초청
광주CBS 직원예배 대표기도
2012년 9월 4일

CBS가 복음을 전하고 시대의 양심이 되게 하소서

 51년 전 광주CBS를 세워주신 하나님 아버지, 주님의 기관에 부름받은 광주CBS 직원들이 오늘도 하나님을 예배함으로써 하루 업무를 시작합니다. 저희에게 힘과 지혜와 명철을 더해 주실 줄로 믿습니다.

 말씀으로 세상을 창조하시고, 각각의 이름을 지어주신 하나님, 오늘 아침 광주한빛교회 문희성 목사님을 초청한 가운데 하나님의 말씀을 사모하고자 합니다. '오늘 우리는'이라는 제목으로 하나님의 말씀이 선포될 때 CBS 기독교방송의 정체성을 다시 한번 확인하게 하시고, 방송 선교기관으로서, 또 사회 환경을 감시하는 언론기관으로서의 책무를 다하는 저희가 되게 하옵소서.

 사랑이 많으신 하나님, 말씀 전하시는 문희성 목사님에게 성령이 충만하도록 도우시고, 특히 광주지역

복음화를 위해 크세 쓰임 빋세 하시끄, 나아가 민족 복음화와 세계선교를 이루는 일에도 헌신케 하옵소서. 섬기는 광주한빛교회가 날로 새로워져 온 성도가 그리스도이신 예수님을 닮아 더욱 성결한 지체로 설 수 있도록 인도해 주옵소서.

하나님 아버지, 지난 여름 막바지에 몰아친 태풍으로 무너진 AM송신소 안테나를 복구할 수 있도록 충분한 재정과 여건을 허락해 주옵소서. 다음 주부터 진행될 모든 작업이 안전하도록 도와주시옵소서. 그래서 CBS가 더욱 힘 있게 복음을 전하고, 시대의 양심이 되게 하옵소서. 이 일을 위해 기도와 헌금으로 후원하는 교회와 성도, 시·청취자들을 기억해 주옵소서.

우리 직원들이 각자 섬기는 교회와 이들에게 허락하신 가정 위에도 하나님이 주시는 복이 임하게 하옵소서. 한국 교회가 파송한 CBS 재단이사회와 전국의 13개 지역본부에도 동일한 은혜가 임할 줄 믿습니다.

예수님의 이름으로 기도합니다. 아멘.

광주CBS 본부장 박옥배
광주한빛교회 문희성 목사 초청
광주CBS 직원예배 대표기도
2012년 10월 4일

소외된 이웃과 약자를 섬기는 방송, CBS

길이요, 진리요, 생명이신 하나님 아버지, 하나님이 51년 전 이 땅에 선물로 주신 광주CBS에서 오늘도 일과를 시작하면서 하나님을 예배합니다. 오늘도 하나님이 공급하시는 힘과 지혜와 명철을 의지해 주어진 사명들을 기쁨으로 감당케 하옵소서.

역사를 주관하시는 하나님, 11월의 첫날 아침에 광주벧엘교회 리종빈 목사님을 보내주셔서 '주의 손이 함께 하시매'라는 제목으로 하나님의 말씀을 사모하게 하시니 감사합니다. 말씀을 선포하시는 리종빈 목사님에게 성령으로 전신갑주를 입혀주시고, 저희에게는 푸른 초장의 풍성한 꼴을 먹게 하옵소서. 목사님이 섬기시는 광주벧엘교회가 예배하는 공동체, 섬기는 공동체, 교육하고 훈련받는 공동체, 선교하는 공동체로 든든히 세워지게 하옵소서.

작은 자들의 소망이 되시는 하나님 아버지, 저희 CBS 기독교방송도 가난한 사람, 갇힌 사람, 장애인과 다문화 가정, 더 나아가 북녘동포에 이르기까지 소외된 이웃과 약자를 섬기는 마음으로 방송할 수 있도록 부름받은 저희의 마음과 생각을 지켜 주시옵소서.

하나님, 볼라벤 태풍으로 쓰러진 AM송신소 안테나 복구 작업도 무사히 마친 것을 감사합니다. 이제 막바지로 페인트 작업을 남겨놓고 있습니다. 모든 작업을 안전하게 도우셔서 기도와 재정으로 도운 교회와 성도들이 함께 감격적인 감사예배를 갖게 도와주시옵소서. 시·청취자들과 한국 교회가 파송한 CBS 재단이사회, 전국의 13개 지역본부에도 하나님의 동행하시는 은혜를 허락해 주옵소서.

구주 예수님 이름으로 기도합니다. 아멘.

광주CBS 본부장 박옥배
광주벧엘교회 리종빈 목사 초청
광주CBS 직원예배 대표기도
2012년 11월 1일

하나님의 공의를 강물처럼 흘려보내게 하소서

영원 전부터 계신 하나님 아버지, 올해 열한 달을 보내고 12월을 시작한 광주CBS 직원들이 오늘도 일과를 시작하면서 하나님을 예배합니다. 특별히 오늘은 광주무등교회 진명옥 목사님을 보내주셔서 하나님의 말씀을 전해 듣게 하신 은혜를 감사합니다.

'보고 있습니다'라는 제목으로 말씀을 선포하시는 진명옥 목사님에게 성령 충만한 전신갑주를 덧입혀주시고, 풍성한 말씀의 꿀을 먹는 저희에게는 12월 한 달의 양식이 되게 하옵소서. 목사님이 섬기시는 광주무등교회가 생동하는 교회 공동체, 건강한 교회 공동체로서 매월동과 서구, 나아가 광주를 넘어 세계선교에 이르기까지 부족함이 없는 교회로 세워 주시옵소서.

CBS 기독교방송을 세우신 하나님, 가난한 자와 소외된 자,

눌린 자를 위해 하나님의 공의를 강물처럼 흘려보내게 하시고, 그리스도의 복음을 전하는 방송의 책임을 다하도록 CBS에 속한 모든 사람들을 붙들어 주시옵소서.

하나님, AM송신소 안테나 복구 작업을 무사히 마치고, 지난주 기도와 재정으로 도운 교회와 성도들이 함께 감사예배를 갖게 하신 것을 감사합니다. 또한 어제는 서른한 번째 CBS성가대합창제를 통해 하나님을 찬양하는 교회 찬양대와 함께 교회합창음악의 축제를 가질 수 있도록 허락하신 하나님께 감사와 찬양을 드립니다.

처음이요, 나중이신 하나님 아버지, 12월 한 달도 저희에게 맡겨주신 청지기 직분을 잘 감당하게 하시고, 방송국의 경영도 형통하도록 인도해 주시옵소서. 직원들이 섬기는 교회와 축복의 선물인 가정을 위해 드리는 기도제목도 하나님의 선하시고, 오묘하신 뜻 안에서 이루어 주시옵소서. CBS 라디오와 TV를 사랑하는 시·청취자들과 기도와 물질로 후원하는 교회와 성도,

한국 교회가 파송한 CBS 재단이사회, 전국의 13개 지역본부도 신실하신 하나님이 친히 인도해 주시옵소서.

구주 예수님 이름으로 기도합니다. 아멘.

광주CBS 본부장 박옥배
광주무등교회 진명옥 목사 초청
광주CBS 직원예배 대표기도
2012년 12월 4일

방송을 통해 그리스도의 복음이 온 땅을 적시게 하소서

 말씀이 육신이 되어 이 땅에 오신 하나님 아버지, 올해를 다 보내고 12월의 마지막 수요일 아침에 CBS 기독교방송 직원들이 한자리에 모여 일과를 시작하면서 먼저 하나님을 예배합니다. 특별히 오늘은 시흥 우리교회를 섬기시는 장성화 목사님을 보내주셔서 하나님의 말씀을 사모하게 하신 은혜를 감사합니다.

 '식어진 가슴에 불을 붙이라'는 제목으로 말씀을 선포하시는 장성화 목사님에게 성령 충만한 전신갑주를 입혀주셔서 말씀의 꿀을 먹는 저희에게는 오늘 하루 좌로나 우로 치우치지 않는 영의 양식이 되게 하옵소서. 목사님이 섬기시는 시흥 우리교회가 물댄 동산같이 건강한 교회 공동체로 성장해 수도권을 넘어 세계 선교에 이르기까지 세상의 변화를 주도하는 교회로 세워 주시옵소서.

58년 전 CBS 기독교방송을 세우신 하나님, CBS 직원들이 수고와 헌신을 아끼지 않고 펼치는 방송 사역을 통해 가난한 자와 소외된 자, 억압받는 자들이 소망을 갖게 하시고, 하나님의 공의가 강물처럼 흘러가 그리스도의 복음이 온 땅을 적실 수 있도록 인도해 주시옵소서.

하나님, 기도와 물질로 CBS 방송 사역을 돕는 많은 교회와 성도가 있습니다. 그들에게도 하나님의 은혜로 충만케 하옵소서. 한국 교회가 파송한 CBS 재단이사회와 이재천 사장님을 비롯한 임직원, 또 전국의 13개 지역본부에도 신실하신 하나님이 친히 인도해 주시옵소서.

하늘의 영광 보좌를 버리고 이 땅에 오신 평화의 왕, 예수 그리스도의 이름으로 기도합니다. 아멘.

선교기획국장 박옥배
시흥 우리교회 장성화 목사 초청
CBS 직원예배 대표기도
2012년 12월 26일

암 투병 중인 최승진 기자에게
치료의 광선을 비추어 주소서

　세상을 사랑하셔서 독생자 예수 그리스도를 이 땅에 보내주신 하나님 아버지, 십자가에서 죄인들의 대속물로 바쳐진 주님을 기억하는 고난주간, 성금요일 아침입니다. CBS 기독교방송 가족들이 한자리에 모여 고난주간 특별예배로 하나님 앞에 나흘째 제단을 쌓을 수 있도록 인도해 주시니 감사합니다.

　믿음이 부족하고 연약한 저희를 주의 기관에 불러주신 하나님, 특별히 고난주간 특별예배 마지막 날인 오늘은 평광교회를 섬기는 조성욱 목사님을 보내주셔서 감사합니다. '내가 만난 예수'라는 제목의 말씀을 나누는 동안 목사님에게 영·혼·육이 강건하고, 성령 충만하도록 인도하시기를 원합니다.

　60여 년 전에 각각 평광교회와 CBS를 세우신 하나

님, 동시대에 세우신 하나님의 오묘하신 뜻을 따라 평광교회와 CBS가 함께 목동 땅을 거룩한 도시로 가꾸게 하시고, 한국 교회와 민족 복음화, 나아가 세계선교의 사명을 잘 감당하는 도구로 사용해 주옵소서.

선한 사역에 돕는 자들을 붙여주시는 하나님, CBS 방송 사역을 위해 기도와 물질로 후원하는 많은 교회와 성도, 시·청취자들에게 하나님이 친히 위로와 격려, 사랑과 은혜를 더해 주시옵소서. 오늘 아침 CBS 창작 복음성가제를 통해 배출된 찬양 사역자들이 특송을 준비했습니다. 이들의 노래를 통해 하나님이 모든 영광을 받으시고, 이들이 사명감 하나로 펼치는 모든 찬양 사역 위에 기름 부으심의 역사를 허락해 주옵소서.

여호와 라파, 치료하시는 하나님, 암과 투병하고 있는 동료 최승진 기자를 위해 온 직원들이 기도하고 있습니다. 하나님의 치료하시는 광선으로, 하나님의 만지시는 손길로 온전히 고치고, 싸매시고, 화복하게 되기를 원합니다. 하나님, 이번 특별예배에 저희의 적은 물질을 모아 어려운 사람들의 선한 이웃으로 섬기고자 합니다. 이 헌금이 쓰이는 곳에 오병이어의 선한 역사가 일어날 줄 믿습니다.

하늘의 영광 보좌 대신 십자가에서 대속의 피를 흘려 죽으신 주 예수 그리스도의 이름으로 기도합니다. 아멘.

선교기획국장 박옥배
평광교회 조성욱 목사 초청
고난주간 CBS 특별직원예배 대표기도
2013년 3월 29일

신천지 등 이단 사이비로부터
한국 교회를 지키게 하소서

평화의 주인이신 하나님 아버지, 하나님이 창조하신 이 땅에는 전쟁과 테러, 분쟁이 그치지 않고 있습니다. 이 땅에 평화를 선포하시고, 생명을 살리고 풍성케 하시는 창조의 세계를 다시 회복하게 하옵소서. 특히 지구상의 유일한 분단국가로 남아 있는 우리 민족을 불쌍히 여기셔서 칼을 쳐 보습을 만들고, 창을 쳐 쟁기를 만드는 평화의 공동체를 이루게 하옵소서.

사랑하는 자들을 CBS 직원으로 세워주신 하나님, 오늘도 4월 17일의 업무를 시작하기에 앞서 공의로우신 하나님, 생명을 창조하신 하나님을 예배합니다. CBS에 부름받은 지체들에게 지혜와 명철, 건강과 평안을 허락해 주옵소서. 그래서 CBS를 세우신 하나님의 뜻을 나타내는 파수꾼으로서 부족하지 않게 하시기를 원합니다.

말씀으로 세상을 창조하시고, 말씀으로 역사하시는 하나님 아버지, 이 아침에 과천소망교회를 섬기시는 장현승 목사님을 보내주셔서 '사람 되기(Being human)'라는 제목의 말씀을 나누게 하심을 감사합니다. 장현승 목사님을 통해 운반되는 하나님의 말씀에 운동력이 있게 하시고, 전 직원들의 심령이 새로운 변화를 받는 시간이 되게 하시옵소서.

교회의 주인이신 하나님, 과천소망교회를 통해서도 과천 지역이 복음으로 변화되고, 나아가 민족 복음화와 세계선교의 전초기지로 쓰임 받게 하옵소서. 특히 과천 지역은 신천지와 같은 이단 사이비 집단이 가정과 교회뿐 아니라 사회를 어지럽히고 있습니다. 과천소망교회와 CBS가 진리를 수호하는 일에 더욱 협력하고, 교회를 교회 되게 하는 일에 더욱 매진하게 하옵소서. 그래서 참 목자이신 예수 그리스도를 따르는 제자로서 주의 일을 감당하기에 부족함이 없도록 인도해 주시옵소서.

주 예수 그리스도의 이름으로 기도합니다. 아멘.

선교기획국장 박옥배
과천소망교회 장현승 목사 초청
CBS 직원예배 대표기도 2013년 4월 17일

참을 참이라고,
거짓을 거짓이라고 말하게 하소서

 은혜와 평강의 하나님, 하나님이 불러 세우신 CBS 기독교방송 직원들이 한자리에 모여 신앙강화주간 이틀째로 특별직원예배를 갖도록 인도하시니 감사합니다.

 육신으로는 연약하고, 믿음 또한 부족한 저희이지만 하나님께서 이 기관에 불러 세워 주셨사오니 저희의 일터인 CBS가 한국 교회와 함께 우리 민족을 복음으로 구원하고, 나아가 세계선교의 사명을 감당하는 일에 쓰임을 받게 하옵소서.

 하나님, '너희는 다만 옳다 옳다, 아니다 아니다 하라' 하셨사오니 진리가 아닌 것을 아니라고 말하고, 참을 참이라고, 거짓을 거짓이라고 말할 수 있는 담대함을 허락해 주옵소서. 그래서 하나님의 공의가 이 땅에 강같이 흘러 진리와 생명,

평화의 세상을 가꿔갈 수 있도록 인도해 주옵소서.

 '내가 거룩하니 너희도 거룩하라'고 말씀하신 하나님, 어제 아침 이 시간 '인생의 목적은 행복이 아니라 거룩'이라고 가르쳐주신 대로 오늘도 일터에서 거룩성을 잃지 않게 하시고, 말에나 일에 실수하는 일이 없이 하나님의 선하시고 온전하신 뜻을 이루어드리는 날이 되게 하옵소서.

 말씀으로 천지를 창조하신 하나님, 특별히 신앙강화 주간 이틀째 날에 고일호 목사님을 보내 주셨사오니 '기뻐하는 일'이라는 제목의 말씀이 선포되는 때에 목사님에게는 영·혼·육이 더욱 강건하고, 성령 충만하기를 원합니다. 저희에게는 들을 귀를 열어 살아 있는 생명의 말씀으로 듣게 하옵소서. 또한 목사님이 섬기시는 영은교회가 천국 같은, 가정 같은, 내 몸 같은 교회 공동체를 이뤄갈 수 있도록 모든 사역 위에 하나님의 기름 부으시는 역사가 있게 하옵소서.

방송 선교사역을 돕는 자들을 붙여주시는 하나님, 기도와 물질로 헌신하고 후원하는 많은 교회와 성도, 시청자들에게 하나님이 친히 위로와 격려, 사랑과 은혜를 더해 주시고, 그들의 기도와 후원하는 뜻이 하나님의 뜻 안에서 이뤄지게 하옵소서.

하나님, 신앙강화주간 특별예배에 저희 직원들이 적은 물질을 모아 어려운 사람들의 선한 이웃이 되고자 뜻을 세웠습니다. 이 헌금이 쓰이는 곳에 오병이어의 역사를 허락해 주실 줄 믿습니다.

그리스도가 되시는 예수님의 이름으로 기도합니다. 아멘.

선교위원 박옥배
영은교회 고일호 목사 초청
CBS 신앙강화주간 직원예배 대표기도
2013년 10월 23일

민족 구원과 세계선교의 사명을 감당하는 CBS

 자비로우신 하나님, 부족한 저희를 하나님의 자녀로 삼아주시고, 하나님이 세우신 CBS 기독교방송 직원으로 불러 사용해 주시니 감사합니다. 날마다 시간을 정해 하루의 업무를 시작하기 전에 이렇게 하나님을 예배합니다. 오늘도 하나님이 공급해 주시는 힘과 능력으로, 겸손함과 정성을 다해 맡겨진 일을 감당하도록 인도해 주옵소서.

 평강의 하나님, 오늘도 나와 이웃, 사회와 민족 위에 하나님의 공의가 강같이 흐르게 하옵소서. 진리 안에서 자유를 누리고, 죽어가던 생명이 살아나 하나님의 나라가 이 땅에서 온전히 이뤄지기를 원합니다. CBS를 통해 민족 구원과 세계선교의 사명을 맡겨주신 하나님, 그 일을 감당할 수 있도록 모든 직원들에게 영·혼·육이 강건케 되는 복을 허락해 주옵소서.

말씀으로 천지만물을 창조하신 하나님, 오늘 직원예배에 산정현교회를 담임하는 김관선 목사님을 보내주셔서 하나님의 말씀을 운반케 하시니 감사합니다. '두 질문'이라는 제목으로 선포되는 말씀이 살아 있고 운동력이 있어 저희의 영혼을 맑게 하고, 저희의 눈과 귀가 열리는 생명의 말씀이 되게 하옵소서.

한국 교회를 사랑하시는 하나님, 김관선 목사님이 섬기는 산정현교회를 위해서도 기도합니다. 산정현교회가 지난 역사에서 주기철 목사님과 조만식 장로, 장기려 박사 등 신앙의 지도자를 배출한 교회로 쓰임 받은 것을 감사합니다. 그 전통을 이어받아 나라와 민족, 교회를 위해 미래 지도자를 양육하는 교회가 되게 하시고, 시대적 사명을 다하는 교회, 신앙을 실천하고 행동하는 교회로, 건강한 교회로 세워주시옵소서. 이 선한 사역을 목사님에게 맡기셨사오니 성령 충만케 하셔서 모든 사역 위에 하나님의 기름 부으심의 역사가 있게 하옵소서.

오늘도 선한 사마리아인을 보내주시는 하나님, 방송선교 사역을 위해 기도와 물질로 후원하는 전국의 많은 교회와 성도, 시청자들이 있습니다. 그들의 기도와 사랑으로 인해 올해 창사 60주년을 맞은 CBS가 더욱 발전해 주의 뜻을 이뤄내고도 남음이 있게 하옵소서.

그리스도이신 예수님의 이름으로 기도합니다. 아멘.

선교협력국장 박옥배
산정현교회 김관선 목사 초청
CBS 직원예배 대표기도
2014년 2월 26일

CBS가 한국 교회와 함께 복음으로 민족을 구원하게

독생자 예수 그리스도를 이 땅에 보내주신 하나님 아버지, 인류를 구원하시기 위해 십자가에서 대속물로 바쳐진 주님을 기억하는 고난주간입니다. 오늘부터 사흘간 CBS 기독교방송 직원들이 특별예배로 하나님 앞에 나아왔습니다. 믿음이 부족하고 연약한 저희이지만 마음과 뜻과 정성을 다해 준비한 예배를 하나님이 받으시기를 원합니다.

특별히 대학연합교회를 섬기는 김형민 목사님을 보내주셔서 '같이 가지 않아도 되는데 함께 가주는 친구'라는 제목으로 말씀을 선포하실 때 이곳에서 성령 하나님의 임재를 체험하게 하옵소서. 또한 말씀을 전하시는 목사님과 말씀의 꼴을 먹는 저희 모두에게 영·혼·육이 더욱 강건해지고, 하나님의 평강을 누리는 삶이 되도록 인도해 주옵소서.

땅 끝까지 주님의 증인이 되기를 원하시는 하나님, CBS가 저희의 일터를 넘어서 한국 교회와 함께 우리 민족을 복음으로 구원할 뿐 아니라 땅 끝까지 나아가 세계선교의 사명을 감당케 하옵소서.

12년 전에 대학연합교회를 세우신 하나님, 이 시대에 대학연합교회를 세우신 하나님의 뜻을 따라 김형민 목사님의 목양사역과 양육훈련, 특히 청소년을 사랑으로 보듬고, 위로하고 격려하는 패치 코리아(Patch Korea) 운동을 시작했사오니 이 모든 사역 위에 하나님의 기름 부으시는 역사가 있기를 원합니다.

하나님, 오늘 아침 선교TV 본부 직원들이 특송으로 하나님을 찬양합니다. 이들의 찬양을 통해 하나님이 모든 영광을 받으시고, 이들에게 부탁하신 방송 선교의 사명을 잘 감당케 하옵소서. 하나님, 이번 특별예배 기간에 저희가 헌금을 모아 장애인 시설의 어려운 사람들을 위해 쓰고자 합니다. 이 물질이 쓰이는 곳에 하나님의 선한 역사가 일어나게 도우소서.

하늘의 영광 보좌 대신 십자가에서 대속의 피를 흘려 죽으신 주 예수 그리스도의 이름으로 기도합니다. 아멘.

선교협력국장 박옥배
대학연합교회 김형민 목사 초청
고난주간 CBS 특별직원예배 대표기도
2014년 4월 15일

우는 자들과 함께
우는 방송

　독생자 예수 그리스도를 이 땅에 보내주신 하나님 아버지, CBS 기독교방송 직원들이 오늘도 하나님을 예배함으로 하루의 업무를 시작할 수 있도록 인도해 주시니 감사합니다. 특별히 오늘은 전농감리교회 성도들과 함께 하는 예배에 성령 하나님이 임재해 주시고, 모든 영광을 받으시기를 원합니다.

　전쟁의 폐허 위에 CBS를 세워 국민들의 상처를 씻게 하셨던 하나님, 지난 60년간 고통 받는 자들을 위로하고, 우는 자들과 함께 우는 방송으로 쓰임 받는 도구가 된 것을 감사합니다. 앞으로도 세상을 바르고 따뜻하게 하는 방송, 민족 복음화를 위해 헌신하는 방송이 될 수 있도록 모든 직원을 하나님의 강한 팔로 붙들어 주시기를 원합니다.

　CBS를 사랑하시되 끝까지 사랑하시는 하나님, 지금

열리고 있는 '한국교회성경필사본전시회'가 성황을 이뤄 1만 여 명의 관람객들에게 은혜와 감동을 주시니 감사합니다. 8월 말까지 한 달간 전시를 연장하고자 합니다. 더 많은 사람들이 관람하면서 한국 교회의 희망을 보게 하시고, CBS가 한국 교회와 성도들과 소통하는 매체가 되게 하옵소서. 필요한 재정도 넉넉하게 채워주실 줄 믿습니다. 태국 기독교방송 설립에 이어 아프리카 빅토리아 호수 의료 선교 프로젝트 등 여러 가지 60주년 기념사업에도 차고 넘치는 성과가 있게 해주시기를 원합니다.

말씀으로 천지를 창조하신 하나님, 오늘은 전농감리교회를 담임하시는 이광섭 목사님을 보내주셔서 하나님의 말씀을 듣게 하시니 감사합니다. 이광섭 목사님을 성령 충만케 인도하시며, 말씀을 나누는 동안 저희도 공급되는 영의 양식으로 인해 배부르게 하옵소서. 목사님이 섬기시는 전농감리교회에도 하나님이 함께 하셔서 세상을 살리고 가정을 살리는 교회로 쓰임 받게 하옵소서.

여호와 라파, 치료하시는 하나님, 사고와 질병으로 인해 치료를 받고 있는 동료들도 있습니다. 만지고 싸매시고, 고치시는 은총을 더해 주실 줄을 믿사오며, 그리스도가 되시는 예수님의 이름으로 기도합니다. 아멘.

선교협력국장 박옥배
전농감리교회 이광섭 목사 초청
CBS 직원예배 대표기도
2014년 7월 23일

신천지에 빠진 사람들을 진리 가운데로 인도하소서

독생자를 대속물로 삼아 인류를 구원하신 하나님, CBS 직원들이 고난주간 특별예배로 하나님 앞에 예배할 수 있도록 허락해 주시니 감사합니다. 오직 하나님의 긍휼하심을 따라 주께서 세우신 CBS에 불러주신 것으로 믿습니다. 4월 한 달도 맡겨주신 방송 선교를 위해 신실한 청지기가 되게 하옵소서.

공의를 베푸시며, 진리를 선포하시는 하나님, CBS가 〈신천지 OUT〉 캠페인을 통해 이단 사이비 신천지 집단을 고발하고, 이제는 신천지에 빠진 사람들을 진리 가운데로 인도해 치유하고 회복하기 위해 온 힘을 경주하고 있습니다. 참 진리를 모르는 그들을 불쌍히 여겨 주시옵소서.

말씀으로 세상을 창조하신 하나님, 오늘은 한국 교회의 일치와 협력을 위해 헌신하며 목민교회를 섬기는 김동엽 목사님을 CBS 강단에 세워주셔서 감사합니다. '사랑의 실천자'라는 제목으로 하나님의 말씀을 운반하시는 동안 목사님을 성령 충만하도록 인도하시기를 원합니다. 양천구 지역에 세워진 목민교회와 CBS가 서로 협력해 양천구에 복음이 흘러가게 하고, 나아가 한국교회와 민족 복음화, 세계선교를 위해서도 동역하게 하옵소서.

CBS가 HD영상을 통해 더 효과적인 선교 방송을 할 수 있도록 허락해 주신 하나님, 지금까지 기도와 물질로 후원하신 분들에게 은혜와 사랑을 더해 주옵소서. 또한 CBS가 방송 선교 영역을 더욱 확장해 주의 지경을 넓히는 데 쓰임을 받는 도구로써 부족하지 않도록 든든한 재정도 허락해 주시고, 모든 직원들이 일치협력할 수 있게 도우시기를 원합니다. 오늘 아침, CBS TV 제자모임에서 특송을 준비했습니다. 이들의 찬양을 통해 하나님이 모든 영광을 받으시옵소서.

하나님, 이번 고난주간 특별예배에 드려진 저희의 적

은 물질이 부활의 소망을 안고 살아가고 있는 '샬롬의 집'을 섬기는 데 쓰고자 합니다. 쓰이는 곳에서 하나님의 선한 뜻을 이루시옵소서.

대속의 피를 흘려 죽으신 주 예수 그리스도의 이름으로 기도합니다. 아멘.

선교기획국장 박옥배
목민교회 김동엽 목사 초청
고난주간 CBS 특별직원예배 대표기도
2015년 4월 1일

CBS 9대 사장 한용길 장로님에게 새로운 리더십을

 우리의 죄악을 독생자에게 담당시키시고, 구원해 주신 하나님, 저희를 CBS 기독교방송 직원으로 세워주시고, 또한 방송 선교의 중책을 맡겨 주시니 감사합니다. 업무를 시작하기에 앞서 하나님을 예배합니다. 하나님의 지혜와 권능을 구하고 의지합니다. 각자 세우신 뜻에 따라 합당한 열매를 맺을 수 있도록 저희의 영·혼·육을 강건케 하옵소서.

 '너는 내게 부르짖으라. 내가 네게 응답하겠고, 네가 알지 못하는 크고 은밀한 일을 네게 보이리라'고 말씀하신 하나님, 일찍이 예레미야 선지자에게 하신 말씀이 오늘 저희에게도 동일하게 역사하실 줄 믿습니다. 요즘, 중동 호흡기 증후군으로 인해 온 국민이 불안합니다. 감염 환자와 가족은 물론 접촉 격리자와 의료진 등의 고통과 불안뿐 아니라 경기 침체로 인한 불안도

커지고 있습니다. 하나님, 우리를 긍휼히 여기시고, 하루빨리 방역 체계가 잡혀 더 이상 확산되지 않도록 인도하시며, 치유되고, 온전히 회복되는 은총을 허락해 주시기 원합니다.

오늘날에도 말씀으로 역사를 이루시는 하나님, 오늘 아침에 인천 제2교회 이건영 목사님을 이곳에 보내주셔서 꿀 송이 같은 하나님의 말씀을 전해 주시니 감사합니다. 말씀을 전하시는 목사님이 성령 충만하게 하시고, 저희에게는 영의 양식이 부족하지 않게 하옵소서. 목사님이 섬기시는 인천 제2교회 위에도 하나님이 동행하셔서 연로하신 어르신과 장애아동들, 외국인 근로자들을 섬기는 사역과 밥 한 끼, 국 한 그릇으로 이웃을 돌보는 선한 공동체가 되게 하옵소서. 더 나아가 한국 현대사와 함께 했던 인천 제2교회와 CBS가 방송 선교 사역을 통해서도 예수 그리스도의 이름을 들어보지 못한 열방과 민족에게 복음을 전하는 사명을 공동으로 감당케 인도해 주시옵소서.

61년 전 CBS를 세워 오늘까지 인도하신 하나님, 이제 한용길 장로님을 CBS 9대 사장으로 세우시고, 새로운 리더십을 허락해 주셨사오니 온 직원들이 더욱 하나 돼 또 한 번의 발전과 또 한 번의 도약을 꿈꾸고 실현할 수 있도록 도우소서. 방송 선교의 선한 사역을 위해 기도와 물질로 후원하는 교회와 성도, 시청자들 위에도 은혜를 더하소서.

우리를 자유케 하시는 예수님의 이름으로 기도합니다. 아멘.

선교기획국장 박옥배
인천 제2교회 이건영 목사 초청
CBS 직원예배 대표기도
2015년 6월 17일

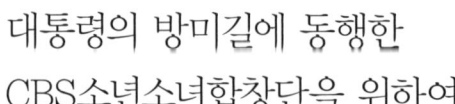

대통령의 방미길에 동행한 CBS소년소녀합창단을 위하여

130년 전 암흑의 땅에 복음을 주신 하나님, 이 땅에 하나님의 구원 역사가 이뤄진 것을 감사합니다. 하나님, 특별히 기독교방송을 세우셔서 방송이 선교의 도구가 되고 지난 61년간 한국 교회의 부흥 발전을 견인할 수 있었던 것을 감사합니다. 오늘도 선한 청지기로 부름받은 저희가 공의를 베푸시며, 진리를 선포하시는 하나님 앞에 예배합니다. 하나님을 예배하는 제사장으로서, 시대의 예언자로서, 오늘 하루도 제 몫을 충실히 감당하는 날이 되게 인도하시기를 원합니다.

하나님, CBS 직원들이 이번 주간 하나님 앞에 기도하는 제목들이 있습니다. 이번 주말에는 전 직원 워크숍이 진행됩니다. 전국 각 지역에서 오고가는 모든 직원들과 동행해 주시고, 워크숍을 통해 모든 직원들이 더욱 일치단결해 하나님이 부여하신 귀한 책무를 기쁨으로, 감사함으로 감당할 수 있도록 힘을 공급해 주옵소서. 또 이달 29일에는 CBS를 후원하는 특별 생방송이 있습니다. 민족 복음화와 세계선교를 위해, 또한 CBS가 방송 선교 영역을 더욱 다양한 방법으로 확장해 주의 지경을 넓히는 데 쓰임을 받는 도구로써 부족하지 않도록 든든한 재정을 허락해 주옵소서. 또 다음 달에는 영화 〈프리덤〉을 개봉하게 됩니다. 〈프리덤〉 영화가 성공적으로 상영됨으로써 하나님이 CBS를 통해 한국 교회에 주시는 큰 선물이 되게 하옵소서.

하나님, 오늘은 대한성공회 김근상 주교님을 강단에 세우시고, 하나님의 말씀을 대언케 하시니 감사합니다. 한국 교회의 일치와 협력을 위해, 또 생명 평화 세상을 이 땅에 실현하기 위해 기도하며 실천해 왔던 성공회와 주교님을 위해 기도합니다. 한국 교회의 일원으로서 책임을 다하고, 많은 사람들을 옳은 데로 인도할 수 있도록 사용해 주시옵소서. '배반, 그리고 그 이후'라는 제목으로 선포되는 말씀으로 인해 저희 영혼이 더욱 새롭게 되기를 원합니다.

하나님, 이 나라 대통령이 미국 방문길에 있습니다. 동행한 저희 CBS소년소녀합창단을 주의 손으로 이끌어 주시며, 어린 천사들이 이국 땅에서 부르는 찬양으로 인해 하나님이 영광 받으시기를 원합니다. 한용길 사장님과 모든 임직원들의 기도에 응답하시고, 출장 중에 있거나 치료 중에 있는 직원들을 붙들어 주소서.

구주 예수님의 이름으로 기도합니다. 아멘.

선교위원 박옥배
대한성공회 김근상 주교 초청
CBS 직원예배 대표기도
2015년 10월 14일

시대의 예언자요,
선한 청지기인 CBS 임직원

　130년 전 부활절 아침, 이 땅에 복음을 주신 하나님, 우리 민족을 향한 하나님의 구원 역사가 시작된 것을 감사합니다.

　하나님, 특별히 61년 전 기독교방송을 세우셔서 때로는 제사장으로서, 때로는 시대의 예언자로서 선한 청지기 노릇을 게을리 하지 않도록 인도해 주셔서 감사합니다. 모든 영광을 하나님이 받으시고, 오늘 하루도 CBS에 맡겨진 사명을 충실히 감당하게 인도해 주시옵소서.

　하나님, 오늘은 전 직원 송년회로 모여 지난 한 해 CBS에 부어주신 귀하고 감사한 일을 돌아보고, 급변하는 방송 환경에서도 꿋꿋이 제 몫을 다한 직원들이 서로 격려하게 됩니다. 7개월 전에 세우신 한용길 사장님을 비롯한 모든 임직원들에게 지혜와 명철을 겸비한 리더십과 담력을 허락해 주시기를 원합니다.

하나님, 오늘은 오랫동안 가정을 세우는 선한 사역에 평생을 헌신하신 박호근 목사님을 강단에 초청해 하나님의 말씀을 듣습니다. 남편을 살리고, 아내를 살려 가정을 온전히 세워 건강하고 행복한 가정을 만들 뿐 아니라 인생의 후반전을 잘 준비케 하는 목사님의 귀한 사역 위에 하나님께서 주시는 위로와 격려가 끊이지 않게 되기를 원합니다.

하나님, CBS 재단이사회와 전국의 지역본부, 또 CBS에 속한 자회사와 여러 단체들에도 한결같은 은혜를 베풀어 주옵소서. 한국 교회와 성도, CBS의 방송 선교를 위해 물질로 후원하는 시·청취자들을 통해서도 하나님의 선하시고 온전하신 뜻을 이루어 주옵소서.

아기로 오신 구주 예수님의 이름으로 기도합니다. 아멘.

선교위원 박옥배
하프타임코리아 대표 박호근 목사 초청
CBS 직원예배 대표기도
2015년 12월 23일

종교개혁 500주년과
한민족 평화통일 기획을 위하여

 오늘도 성령의 열매를 바라시는 하나님, 저희를 CBS 기독교방송 직원으로 세우시고, 업무를 시작하기에 앞서 하나님 앞에 예배하게 인도하시니 감사합니다. 오늘도 하나님 앞에 머리 숙여 간구하는 직원들의 기도를 하나님의 선하시고, 온전하신 뜻 안에서 이루어 주시옵소서.

 CBS를 세워 오늘까지 62년여를 인도하신 하나님, 최근 이단과 신천지의 공격이 노골화되고 있는 때에 한국 교회가 함께 이단 사이비에 대한 경각심을 일깨우게 하시니 오히려 감사합니다. 갈수록 지능화되고 집요한 공격이 이어지고 있사오니 CBS가 영적 전쟁에서 승리케 도우시옵소서. 신천지에 빠진 저들을 불쌍히 여기시고, 하루 속히 건강한 한국 교회 품으로 돌아올 수 있도록 회개의 마음도 주시옵소서.

하나님, 또 바라옵기는 봄철 프로그램 개편을 통해 라디오와 TV, Joy4YOU 등 여러 매체가 더욱 발전해 성장하게 도우시고, 열흘 후에 떠나는 일본 크루즈 여행에도 하나님의 인도와 역사가 있기를 원합니다. 다음 주에 있을 공연과 다음 달에 개봉하는 영화가 성공적으로 진행돼 많은 사람들에게 감동을 주는 문화콘텐츠로 자리 잡게 하옵소서. 특히 종교개혁 500주년 기획과 한민족 평화통일 기획, 송신소 개발사업 등 소중한 사업을 담당하는 직원들에게도 감당할 만한 건강과 열정을 주시고, 무엇보다도 기도보다 앞세우는 일이 없도록 마음과 생각을 지켜주시옵소서.

하나님, 한용길 사장님에게 지혜와 권능, 건강과 강력한 리더십을 허락해 주시고, 모든 임직원들이 합심 협력해 CBS 이 기관이 다시 한번 도약할 수 있도록 도우시옵소서. 노사 간에, 동료 간에 서로 소통하는 것에 인색하지 않게 하시고, 우리 앞에 놓인 수많은 난제들을 하나하나 풀어갈 수 있는 지혜도 허락해 주옵소서.

방송 선교 사역을 위해 기도와 물질로 CBS를 후원하는 한국 교회와 성도, 시청자들의 간절한 뜻을 아시는 하나님, 그들의 기도가 응답되기를 원합니다. 회사 업무로 인해 해외 출장길에 있는 직원들을 불꽃같은 눈으로 지켜주시기를 원하옵고, 예수님의 이름으로 기도합니다. 아멘.

선교위원 박옥배
CBS 직원예배 대표기도
2016년 5월 12일

나라와 민족의 미래를 밝히는 한국 교회를 위하여

한 달 전 2017년 새해를 선물로 주신 하나님 아버지, 새해 한 달을 다 보내고 맞은 2월의 첫날, 주께서 허락하신 일터에서 업무를 시작하기 전 먼저 하나님을 예배하는 시간을 주시니 더욱 감사합니다. 오늘도 각자에게 맡겨주신 귀한 일을 기쁨으로 감사함으로 감당할 수 있도록 저희의 영·혼·육이 강건해지는 은혜를 구합니다.

오늘은 특별히 CBS 강단에 세우신 만나교회 김병삼 목사님을 통해 전해지는 하나님의 말씀이 CBS 직원 모두에게 도전의 말씀으로 기억되게 하옵소서. 김병삼 목사님에게 성령 충만함과 기름 부으시는 역사를 허락해 만나교회를 넘어 한국 교회를 새롭게 하는 지도자로 세워주시고, 한국 교회가 혼돈의 시대에 나라와 민족의 미래를 밝히는 빛의 사명을 감당하게 하옵소서.

하나님, 나라와 민족을 위해 간구합니다. 이 나라 대통령이 허탄한 사술에 미혹돼 민주주의의 근간을 훼손하고, 국정을 농단한 초유의 사태를 맞은 이때에 CBS는 주님이 가르치신 대로 '예' 할 것을 '예' 하고, '아니오' 할 것을 '아니오'라고 말할 수 있도록 모든 직원들의 입술을 주장해 주시옵소서. 그러나 우리의 의를 드러내지 않게 하시고, 오직 하나님이 주시는 공의와 정의만이 이 땅에 강같이 흐르게 하소서.

여호와 라파, 치료의 하나님, 치료 중에 있는 직원들의 건강을 위해 기도합니다. 특별히 투병 중인 곽인숙 기자가 하나님의 만지시는 손길로 치유되고 회복되게 도우시옵소서.

구주 예수님의 이름으로 기도드립니다. 아멘.

선교위원 박옥배
만나교회 김병삼 목사 초청
CBS 직원예배 대표기도
2017년 2월 1일

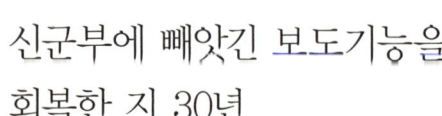

신군부에 빼앗긴 보도기능을
회복한 지 30년

하나님, 주께서 허락하신 일터에서 업무를 시작하기에 앞서 먼저 하나님을 예배케 하시니 감사합니다. 맡겨주신 귀한 일을 기쁨으로, 감사함으로 감당할 수 있도록 CBS 임직원들에게 영·혼·육이 강건해지는 복을 누리게 하옵소서. 지나친 경쟁과 속도, 효율성을 추구하는 세상의 노예가 되지 않도록 때때로 우리를 광야로 인도하시는 하나님, 구름기둥과 불기둥으로 인도하시는 하나님의 리더십을 오늘도 따라가게 하옵소서.

하나님, 나라와 민족, 겨레를 위해 기도합니다. 이 땅에 전쟁의 기운이 물러가게 하시고, 남북의 위정자들이 평화를 가꾸는 일에 전념케 하옵소서. 칼을 쳐 보습을 만드는 역사를 이 땅에서도 이루어 주옵소서.

하나님, 주께서 세우신 CBS가 신군부에 빼앗긴 보도기능을 회복한 지 30년이 됐습니다. 오직 하나님의 공의와 정의가 강물같이 흐르도록 이 땅을 주장해 주시고, CBS가 그 기능을 온전히 다할 수 있도록 은혜를 베풀어 주옵소서.

하나님, 종교개혁 500주년을 맞아 프로그램을 제작하고, 관련 행사와 사업을 진행하는 지체들에게 힘과 지혜와 명철을 더해 주시옵소서.

하나님, 여호와 라파, 치료의 하나님을 의지하며, 치료 중에 있는 직원들의 건강을 위해서도 기도합니다. 하나님의 만지시는 손길로 치유되고 회복되기를 원하오니 가족과 온 직원들의 간구를 들어 주시옵소서.

하나님, 이 기관을 위해 물질로, 기도로 후원하는 한국 교회와 성도들의 섬기는 손길을 기억해 주옵소서.
구주 예수님의 이름으로 기도드립니다. 아멘.

신천지특별취재단장 박옥배
CBS 전 직원 워크숍 개회예배 대표기도
천안 재능교육연수원 2018년 10월 5일

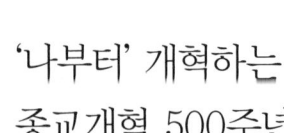

'나부터' 개혁하는 종교개혁 500주년

하나님, 63년 전 CBS 기독교방송을 세우셔서 전쟁의 폐허 속에 지치고 상한 심령들을 깨우시고, 생수와 같은 복음으로 위로하시고, 소망을 주신 하나님을 찬양합니다. 보도기능을 빼앗긴 폭압의 시대에도 굴하지 않고 빛과 소금의 소리로써 자유와 진리를 선포하게 하시고, 때로는 가난하고 약한 자, 소외되고 억눌린 자의 친구로 쓰임 받게 하신 것을 감사합니다. 오늘 하루도 주께서 세우신 뜻을 따라 하나님 앞에 정직하게 하시고, 사람 앞에 올곧은 방송의 소명을 잊지 않게 하옵소서.

하나님, 나라와 겨레를 위해 기도합니다. 전쟁의 기운을 소멸케 하시고, 평화를 주시옵소서. 칼을 쳐 보습을 만드는 민족이 되게 하시고, 오직 하나님의 공의와 정의로 다스려지는 땅이 되게 하옵소서.

말씀으로 천지를 창조하신 하나님, CBS 전 직원이 종교개혁 500주년을 기념하는 특별예배를 통해 오직 말씀으로 새롭게 되는 주간을 보내고 있습니다. 오늘은 수원중앙교회를 담임하시는 고명진 목사님을 보내주셔서 말씀의 꼴이 풍성한 초장으로 인도해 주시니 감사합니다. 목사님의 입술을 통해 증거되는 말씀으로 인해 저희의 심령이 새롭게 되기를 원합니다. 종교개혁 500주년을 지나 다시 500년을 시작하는 때에 하나님의 아들 예수 그리스도를 구주로 고백하는 크리스천으로서, 또 CBS 직원으로서 '나부터' 개혁하라는 하나님의 세미한 음성을 듣게 하시옵소서. 목사님이 섬기시는 교회와 사역 위에도 하나님이 함께 하시고, 지역을 넘어 한국 교회를 충성스럽게 섬기는 지도자로 세워주시고, 하나님의 마음을 시원케 하는 목사님이 되게 하시기를 원합니다.

하나님, 종교개혁 500주년 특집 프로그램을 제작하고, 관련 행사와 사업을 진행하고 있습니다. 담당하는 직원들에게 곤비치 않는 힘을 공급해 주시옵소서. 또 오늘부터 전국 극장에서 개봉하는 '내게 남은 사랑을'

영화가 위기의 가정을 온전히 회복하게 하는 도구가 되게 하옵소서. 그래서 더욱 많은 사람들이 관람할 수 있도록 길도 열어 주옵소서.

하나님, 치료 중에 있는 직원들이 있습니다. 여호와 라파 하나님의 만지시는 손길로 치유해 주시고, 속히 일터로 복귀해 저희와 함께 다시 동역하는 기쁨을 누리게 하소서. CBS를 위해 기도와 물질로 후원하는 전국의 교회와 시·청취자들의 섬기는 손길도 기억해 주옵소서.

구주 예수님의 이름으로 기도드립니다. 아멘.

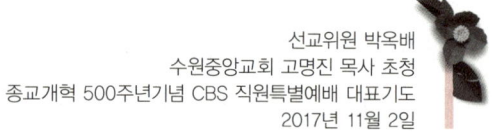

선교위원 박옥배
수원중앙교회 고명진 목사 초청
종교개혁 500주년기념 CBS 직원특별예배 대표기도
2017년 11월 2일

평창 동계올림픽을
남북 화해의 기회로

하나님, 자유와 진리를 선포하는 방송으로 CBS를 세우시고, 지난 64년간 주신 소명을 잊지 않게 도우신 하나님을 찬양합니다. 우리 민족 고유의 명절인 설 연휴 동안 CBS에 속한 지체들을 지켜주신 은혜를 감사합니다.

하나님, 모든 주권은 하나님께 있음을 고백합니다. 평창 동계올림픽이 진행되고 있는 한반도에서 전쟁의 기운을 거둬주시고, 평화를 주시옵소서. 남과 북이, 북과 남이 서로 화해하게 하시고, 성공적인 올림픽으로 인해 한민족의 위상을 높여주시옵소서. 오직 하나님의 공의와 정의로 다스려지는 땅이 되게 하옵소서.

인간의 생사화복을 주관하시는 하나님, 지난 월요일 이 시간에는 20여 년간 충직한 청지기로서 CBS를 섬기다 하나님이 부르심을 받은 故 김영범 목사님을 추모했습니다. 모든 장례절차 위에 동행해 주신 것을 감사합니다. 유족들을 위로해 주옵소서. 우리 모든 직원들도 장차 하나님 나라에 갈 때까지 생명을 살리는 일에 부름받은 자로서 부끄럽지 않게 살아가게 도우시옵소서.

하나님, 치료 중에 있는 직원들을 위해 기도합니다. 하나님이 만지시는 손길로 인해 온전히 회복되고, 치유되게 하셔서 CBS에서 다시 동역하는 기쁨을 누리게 하옵소서. CBS를 위해 기도와 물질로 후원하는 전국의 교회와 시청자들의 섬기는 손길을 기억해 주옵소서.

십자가의 은혜로 우리를 살리고, 구원하실 예수님의 이름으로 기도드립니다. 아멘.

선교위원 / 사목 임시업무대행 박옥배
CBS 직원예배 대표기도
2018년 2월 19일

평창 동계올림픽 CBS
특별취재팀을 위하여

　CBS를 이 땅에 세우신 하나님, 오늘도 하나님이 CBS를 통해 하시고자 하는 뜻을 이루시옵소서. 하나님은 우리의 생각으로는 불가능한 것을 가능케 하시고, 우리의 판단으로는 가능한 것도 불가능하게 하실 수 있다는 것을 믿음으로 고백합니다. 하나님이 CBS를 통해, 또 우리를 통해 이루시겠다는 약속을 믿음이 없고 연약한 저희가 비웃지 않도록 오늘 하루도 저희의 마음과 생각과 뜻을 지켜주시옵소서.

　약속을 지키시는 신실하신 하나님, 지난 64년간 CBS를 통해 이 땅에 복음이 전파된 것을 감사합니다. 암울했던 시기에 약한 자와 소외된 자, 아픈 자와 억압당하는 자에게 소망을 선포하는 매체로 쓰임 받은 것을 감사드립니다. 이 시대에 부름받은 저희가 그 소명 잊지 않게 도우소서.

하나님, 갈등과 분열 속에서도 평창 동계올림픽은 성공리에 마칠 수 있게 된 것을 감사합니다. 하나님의 때를 따라 우리 민족이 통일되는 역사를 허락해 주옵소서. 올림픽 기간에 특별취재팀으로 수고했던 직원들의 신원을 강건케 도우시옵소서.

하나님, 치료 중에 있는 우리 직원들과 한국 교회, CBS 시청자들을 기억해 주옵소서.

다시 오실 그리스도, 예수님의 이름으로 기도드립니다. 아멘.

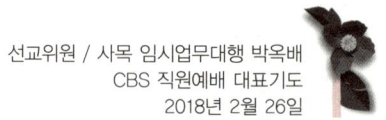

선교위원 / 사목 임시업무대행 박옥배
CBS 직원예배 대표기도
2018년 2월 26일

신임 안영진 재단이사장과 신입·경력 직원을 위하여

CBS를 이 땅에 세우신 하나님, 오늘도 직원들이 마음을 합해 기도했습니다.

하나님, 지난 5개월 동안 국내외 어려운 경제 상황에 따라 CBS 경영에도 많은 영향을 받고 있습니다. CBS가 속히 경영 안정을 이뤄 하나님이 CBS에 주신 막중한 선교적 사명을 더욱 힘 있게 감당할 수 있도록 길을 열어 주시옵소서.

신임 안영진 재단이사장님과 한용길 사장님에게도 영육 간에 더욱 강건하게 도우시고, 온 직원과 더불어 경영이 형통하는 복을 누릴 수 있도록 인도해 주옵소서. 기도와 물질로 CBS를 돕는 많은 한국 교회와 시·청취자들이 있습니다. 그 기도와 물질에 힘입어 더 좋은 양질의 프로그램을 제작할 수 있게 하시옵소서.

치료하시는 여호와 라파 하나님, 주철 국장이 3주에 한 번씩 항암주사 치료를 받고 있습니다. 항암 치료를 견디고, 효과가 나타날 수 있도록 힘을 공급해 주시옵소서. 곽인숙 기자와 백창기 위원도 이전보다 더 건강한 모습으로 회복할 수 있도록 하나님이 만져주시고, 회복하게 하옵소서. 자녀들이 병약해 간병하는 직원들도 있습니다. 직원들이 마음을 다해 기도했사오니, 하나님이 치유하시고, 회복시켜 주시며, 직원 자녀들 또한 안전한 가운데 지켜주시옵소서.

성령으로 임재하시는 하나님, 정식 직원으로 발령 받은 신입사원과 경력 직원을 포함한 모든 직원들이 날마다 성령 충만하게 도우시옵소서. 그래서 무슨 일을 하든지 성령 하나님을 기쁘게 하는 저희 직원들이 되게 하시옵소서.

하나님, 또한 국내외 출장 중에 있는 직원들을 위해 기도합니다. 북미정상회담 취재를 위해 싱가포르로 떠나는 직원들과 3·1절 100주년 특집을 제작하기 위해 해외 출장 중인 직원들을 안전하게 붙들어 주시옵소서. 오늘도 모든 직원들에게 지혜와 능력, 체력과 분별력을 더해 주시기를 원합니다.

예수님의 이름으로 기도드립니다. 아멘.

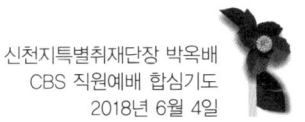

신천지특별취재단장 박옥배
CBS 직원예배 합심기도
2018년 6월 4일

싱가포르 북미정상회담을 계기로 한반도에 평화를

CBS를 도우시는 에벤에셀의 하나님, 지난 64년간 CBS를 여기까지 도우신 하나님을 찬양합니다. 오늘도 직원들이 공동 제목을 놓고 뜨겁게 기도했습니다.

하나님, CBS 경영을 도우셔서 급변하는 미디어 환경에 적응하게 하시고, 나아가 변화를 주도하는 매체로 세워 주시옵소서. 재정적으로 차고 넘쳐 그 사명을 감당하고도 남을 수 있게 도우시옵소서. CBS에 주신 선교적 사명 또한 막중합니다. 특별 모금 방송을 앞두고 있습니다. 한국 교회의 기도와 물질 후원이 마르지 않는 샘물이 되게 하셔서 CBS가 다음 세대를 세워가는 방송으로서 부족하지 않도록 채워 주시옵소서.

하나님, 나라와 민족을 위해 기도합니다. 내일 싱가포르에서는 북미정상회담이 열립니다. 북미정상회담 전 과정을 하나님이 주관하셔서 한반도에 전쟁이 종식되고, 평화를 주옵소서. 우리 민족이 공동번영을 누릴 수 있도록 남북의 두 지도자에게도 지혜를 주시옵소서.

치료하시는 하나님, 항암 치료 중에 있는 주철 국장에게 견디고 이겨낼 수 있는 힘을 공급해 주시옵소서. 곽인숙 기자와 백창기 위원, 또 치료 중에 있는 직원 자녀들에게 이르기까지 그들의 몸과 마음을 하나님이 직접 만져주시고, 치유해 주옵소서.

임마누엘의 하나님, 오늘 하루도 모든 직원들에게 성령 하나님으로 임재하셔서 그들이 어디에 있든지 하나님의 영광을 드러내게 인도하옵소서.

예수님의 이름으로 기도드립니다. 아멘.

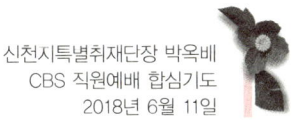

신천지특별취재단장 박옥배
CBS 직원예배 합심기도
2018년 6월 11일

CBS 경영 안정을 위하여

우리의 간구를 들으시는 하나님, 오늘도 직원들이 공동의 기도제목을 놓고 함께 뜨겁게 기도했습니다.

하나님, 하나님의 말씀을 이 땅에 선포하는 CBS에 경영이 형통하게 되는 복을 허락해 주옵소서. 지난 3년간 어려운 중에도 신규 인력이 충원됨으로써 좀더 젊어진 조직이 된 것을 감사합니다. 사옥 리모델링으로 인해 근무환경이 크게 개선된 것도 감사합니다. 특별히 지난 주간 상반기 특별 모금 방송을 통해 지난해보다 두 배로 부어주신 성과에 감사합니다.

에벤에셀 도우시는 하나님, CBS 경영이 더욱 안정되기를 원합니다. 음악FM이 전국망을 갖추고, 노후 기자재를 교체하고, 또 전국에 난청 지역을 없애기 위해 곳곳에 중계소도 세워야 합니다. CBS의 미래를 위해 더 투자할 수 있게 넉넉히 차고 넘치는 은혜를 허락해 주옵소서. 그래서 우리 사회와 한국 교회를 변화시키는 방송사로서 부족하지 않게 하시고, 선교 역량을 더 키우고, 방송 매체 위상도 더 높일 수 있도록 도우시옵소서.

치료하시는 하나님, 폐암 투병 중에 있는 주철 국장을 위해 기도합니다. 오른쪽 폐에 물이 차 호흡이 어렵고 힘들어 며칠 후 다시 입원하게 됩니다. 폐에 찬 물을 빼내고 임상 치료에 들어가야 한다고 합니다. 하나님, 바라옵기는 임상치료의 조건이 충족해 이후 모든 치료 과정이 하나님의 섭리 안에서 기적적으로 치유될 수 있도록 인도해 주시옵소서. 말씀으로 세상을 창조하셨던 하나님, 시편 23편의 말씀을 암송하면서 치유와 회복을 간구하는 주철 국장에게 힘과 용기를 더해 주시옵소서. 하나님, 만져주시고, 치유해 주옵소서.

임마누엘의 하나님, 오늘도 CBS 모든 직원들이 주의 법을 사모해 묵상하고, 날마다 성령으로 충만하게 되기를 간구합니다. 특히 6월 정기인사에 따라 새로운 임지에서, 또 새로운 직임을 맡겨 세우신 직원들에게 성령 하나님으로 동행해 주시옵소서. 오늘 예배를 통해 일깨워 주신 것처럼 모든 직원들이 하나님이 주신 말씀을 주야로 묵상하고, 또한 행함으로써 CBS가 생산하는 모든 콘텐츠가 생명력 넘치게 하시고, 듣고 보는 모든 시청자들에게 선한 영향력이 전달되게 인도하옵소서.

예수님의 이름으로 기도드립니다. 아멘.

신천지특별취재단장 박옥배
CBS 직원예배 합심기도
2018년 6월 25일

방송 역량 확대를 위한 하반기 경영전략 수립

우리의 기도와 간구를 들으시는 하나님, "아무것도 염려하지 말고 다만 모든 일에 기도와 간구로, 너희 구할 것을 감사함으로 하나님께 아뢰라"고 사도 바울이 빌립보 교회에 당부했던 그 말씀을 의지해 오늘도 우리 직원들이 공동의 기도제목으로 기도했습니다.

하나님, CBS 경영이 더욱 안정돼 하나님이 세우신 목적을 따라 더욱 힘 있게 감당할 수 있게 하옵소서. CBS의 미래를 위해 더 투자해 방송 역량을 확대하고, 주의 지경을 넓힐 수 있게 도우시옵소서. 다음 주부터 경영 전략 회의가 있습니다. 한용길 사장님과 실·국·센터·본부장을 비롯한 모든 직원들이 하반기 경영 전략을 잘 수립해 어려워지는 경영 환경을 극복할 수 있도록 지혜를 주시고, 넉넉한 재정을 허락해 주옵소서.

때를 따라 사람을 세워 일하시는 하나님, 공서 중인 사목을 청빙하는 절차가 진행되고 있습니다. 하나님이 CBS에 가장 적합한 사목을 세워주실 줄 믿습니다. 먼저는 하나님 마음에 합한 목사님을 보내주실 줄 믿습니다. 또한 64년 전 CBS를 세우신 설립 정신을 가장 잘 이해하고 가장 잘 실천할 수 있는 목사님을 모실 수 있도록 모든 청빙 절차를 하나님이 주장해 주시옵소서.

생명의 주인이신 하나님, 오늘도 폐암 투병 중에 있는 주철 국장을 위해 전 직원이 합심해 기도했습니다. 임상 치료 대상으로 선정된 것을 감사합니다. 이제 임상 치료를 시작하는 주철 국장에게 견딜 수 있는 힘을 공급해 주시옵소서. 지금까지도 그래왔던 것처럼 낙심하지 않고 하나님의 만지심과 도우심을 믿음으로 구하게 하옵소서.

천지만물을 주관하시는 하나님, 오늘 예배서 메시지처럼 우리에게 동역자인 직원들을 세워주셔서 감사합니다. 믿음의 눈으로 동료 직원을 바라볼 수 있게 하시기를 원합니다. 내 눈에 부족해 보이는 직원일지라도 그는 하나님이 내게 붙여주신 믿음의 동역자요, 반대로 나는 비록 부족하지만 동료 직원에게는 믿음의 동역자로 세워진 것을 깨달아 더욱 열심히 소임을 감당케 도우시옵소서.

예수님의 이름으로 기도드립니다. 아멘.

신천지특별취재단장 박옥배
CBS 직원예배 합심기도
2018년 7월 2일

가난한 과부의 두 렙돈 같은 방송 선교 헌금

 마가의 다락방에서 기도하는 중에 성령으로 오셨던 하나님, 오늘 아침 CBS 직원들이 예배하며 하나님께 기도로 간구했습니다. 이곳에도 성령 하나님으로 임재하셔서 저희의 기도와 간구를 들으신 줄 믿습니다.

 하나님, CBS가 방송 선교의 사명을 잘 감당할 수 있도록 CBS의 재정에 풍족함을 더해 주옵소서. 더욱 안정된 경영으로 인해 주께서 세우신 CBS가 그 목적을 성실히 감당하고도 남을 수 있게 하옵소서. 가난한 과부의 두 렙돈과 같은 방송 선교 헌금에서, 3년, 5년, 10년 평생을 모은 적금을 보내오는 평신도 방송 선교사들에 이르기까지 귀하게 헌신하신 분들을 기억해 주옵소서. 경영이 안정됨으로써 CBS에 주어진 선교 역량이 날마다, 달마다, 해마다 배가되는 기쁨을 허락해 주실 줄 믿습니다.

하나님, 다음 주에는 영화 〈신은 죽지 않았다3 - 어둠 속의 빛〉이 전국 영화관에서 개봉하게 됩니다. 시네마국과 전국 지역본부에서 시사회가 성공적으로 진행되고 있는 것을 감사합니다. 이 영화가 역대 기독교 영화의 흥행을 이어가게 도우시고, 문화선교의 도구로써 선한 영향력을 끼칠 수 있도록 인도해 주시옵소서. 수고하는 직원들에게도 곤비치 않는 힘을 공급해 주옵소서.

의인의 기도는 힘이 있어 병든 자를 구원한다고 하신 주님, 오늘도 항암 신약으로 치료하기 위해 대기 중에 있는 주철 국장을 위해 한마음으로 기도했습니다. 지난주 임상 치료를 위한 검사를 시작했습니다. 검사 결과에 따라 3주 후에는 투약 여부가 결정된다고 합니다. 생명을 주관하시는 하나님, 의료진이 진료와 검사, 투약, 치료에 집중하는 동안 우리는 다만 기도할 뿐입니다. 주철 국장과 우리가 오직 생명의 주인이신 하나님께만 집중할 수 있도록 도우시옵소서. 주님의 치유하시는 오른손으로 어루만져 주시옵소서.

하나님을 마음 가운데에 두고 살아가는 사람을 세워 쓰시는 하나님, 오늘 예배서 메시지처럼 만군의 여호와 하나님이 다윗과 함께 하심으로 말미암아 다윗이 점점 강성해졌던 것처럼 우리가 황량한 광야를 만날지라도 온전한 믿음으로 승리할 수 있도록 우리 직원들도 오늘 하루 주의 손에 온전히 붙들려 있기를 원합니다.

구주 예수님의 이름으로 기도드립니다. 아멘.

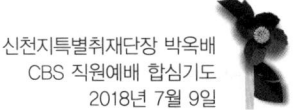

신천지특별취재단장 박옥배
CBS 직원예배 합심기도
2018년 7월 9일

기독교 영화를 통해 복음이 흥왕케 되기를

 은혜와 자비가 풍성하신 하나님, 오늘 아침에도 CBS 직원들이 예배하면서 하나님께 간구한 제목들이 있습니다.

 하나님, 한국전쟁의 폐허 속에 세우신 CBS가 백성들의 상처를 어루만지고, 복음을 선포함으로써 천국 소망을 품게 하는 도구로 64년간 쓰임 받은 것을 감사합니다. 때를 따라 우리 사회를 건강하게, 국민에게 통일을 꿈꾸게 하는 귀한 역할도 감당해 왔던 것을 감사합니다.

 하나님, 이 귀하고 귀한 선교의 사명을 더욱 힘 있게 감당할 수 있도록 CBS에 넉넉한 재정을 더해 주옵소서. 지난해 어려운 외부 환경에도 불구하고 흑자 경영의 선물을 주신 하나님, 감사합니다. 그러나 올해 전반기는 참으로 어려운 경영 상황을 지내왔습니다. 불철주야 일선에서 수고하는 마케팅본부 직원들의 발걸음에 동행해 주옵소서. 물질과 기도로 CBS를 돕는 평신도 방송 선교사 한 사람 한 사람을 방송 선교 파트너로서 귀하게 섬기는 직원들도 기억해 주옵소서. 양질의 콘텐츠 제작을 위해 새벽부터 수고의 땀을 흘리는 직원들과 동행해 주옵소서. 그들이 언제나 드러나지 않지만 묵묵히 주어진 사명을 감당할 때 힘과 지혜, 명철과 건강을 더해 주옵소서.

저희의 기도와 간구를 들으시는 하나님, 이번 주에는 영화 〈신은 죽지 않았다3 - 어둠 속의 빛〉이 전국 영화관에서 개봉합니다. 이 영화가 이번 여름 극장가를 뒤흔들 만큼 흥행케 하시고, 특히 한국 교회의 사랑을 받는 기독교 영화로서 이단 사이비가 판치는 세상에서 복음이 흥왕케 되는 역사를 이어가게 하옵소서.

여호와 라파, 치료하시는 하나님, 오늘도 항암 신약 치료를 위해 대기 중인 주철 국장을 위해 간절히 기도했습니다. 생명을 주관하시는 하나님, 하나님이 만지시고, 고치시며, 온전히 회복하기까지 모든 치유 과정에 하나님이 직접 주관해 주시기를 원합니다. 또 병 낫기를 기다리며, 치료에 임하는 직원들과 직원 가족들이 있습니다. 그들에게도 동일한 치유의 역사가 일어나기를 원합니다.

예수님의 이름으로 기도드립니다. 아멘.

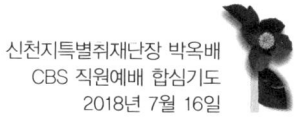

신천지특별재난장 박옥배
CBS 직원예배 합심기도
2018년 7월 16일

암 투병 중인 직원에게
치료의 기적을

자비로우신 하나님, 오늘 아침에도 CBS 직원들이 하나님을 예배하면서 합심기도로 간구한 제목들을 기억해 주시기를 원합니다.

하나님, 하나님이 세우신 CBS가 지난 64년간 세상과 교회를 잇는 다리로 쓰임 받게 하신 것을 감사합니다. 또한 라디오와 TV를 넘어 인터넷과 모바일을 통해 양질의 멀티미디어 콘텐츠를 공급하는 매체로 날마다 성장케 하신 은혜를 감사합니다. 주의 뜻이 이 땅에 충만해지기를 원하시는 하나님, 뉴스와 시사, 음악과 교양, 선교 등 다양한 장르 속에 하나님의 마음을 담아 세상에 선포하기를 원하신 줄 압니다.

하나님, 이 귀한 사명을 더욱 힘 있게, 더 당당하게 감당할 수 있도록 재정이 차고 넘치게 도우시옵소서.

어려웠던 전반기 경영 환경을 극복하고, 하반기에는 경영이 형통함으로써 주어진 소명을 넉넉히 감당하게 하옵소서.

합심기도에 응답해 주시는 하나님, 지난 주 개봉한 영화 〈신은 죽지 않았다3 - 어둠 속의 빛〉이 초기 관객 6만 3천 명을 넘는 성과를 주셔서 감사합니다. 다음 달 16일부터 재개봉하게 됩니다. 이 영화가 더욱 흥행해 올 여름 극장가에서 가장 주목 받는 기독교 영화로 평가 받게 하옵소서. 특히 이단 사이비가 한국 교회를 조롱하는 때에 한국 교회가 복음으로 다시 흥왕케 되는 계기가 되도록 허락해 주옵소서.

못 고칠 병이 없으시는 치료의 하나님, 지난주부터 항암 신약으로 임상 투약 치료 중인 주철 국장을 위해 기도합니다. 아무런 부작용 없이 임상 투약이 성공적으로 진행돼 온전히 치료되는 기적을 보여 주시옵소서. 또 원치 않는 질병 등으로 치료 중인 직원과 가족들도 있습니다. 수술을 마치고 회복을 기다리는 직원과 수술 여부를 기다리는 직원도 있습니다. 하나님이 아십니다. 그들에게도 동일한 치유와 회복이 은총을 주옵소서. 오늘 예배서의 말씀처럼 고난의 자리에서도 희망을 볼 수 있게 하소서.

세상을 구원하실 예수님의 이름으로 기도드립니다. 아멘.

신천지특별취재단장 박옥배
CBS 직원예배 합심기도
2018년 7월 30일

민족복음화와 한반도 평화에 기여하는 CBS

 CBS의 주인이신 하나님, 한국전쟁의 폐허 속에 CBS를 세우신 분도 하나님이시요, 64년간 방송 경영을 주관하신 분도 하나님이시요, 앞으로도 CBS 100년의 역사를 운행하실 분도 오직 하나님이신 줄 믿습니다.

 시간과 공간의 주인이신 하나님, 오늘 하루, 이번 한 주간, 8월 한 달도 CBS 직원들이 생산하는 여러 장르의 콘텐츠로 인해 하나님 나라가 이 땅에 더욱 확장될 것을 믿습니다.

 주의 이름으로 모이는 곳에 계시는 하나님, 직원들이 업무를 시작하기에 앞서 마음과 정성을 모아 하나님 앞에 예배하면서, 한마음으로 간구한 기도제목들이 있습니다. 먼저는 방송 경영 환경을 하나님이 주관해 주시기를 원합니다. CBS의 보도 시사, 음악 교양, 선교 등 모든 콘텐츠가 극대화된 경쟁력을 갖추게 도우시옵소서. 이를 위해서는 든든한 재정이 필요합니다. 속히 경영 안정을 이루어 주께서 CBS에 부여하신 언론사적 귀한 사명을 감당할 수 있게 하시고, 민족복음화를 이루는 방송, 한반도 평화에 기여하는 매체로 더 크게 사용해 주옵소서.

세상을 창조하시고, 안식하셨던 주님, 우리에게 일터를 주셔서 모든 직원들이 사랑과 협력으로 일할 수 있도록 인도해 주시니 감사합니다. 폭염의 날씨에 휴가 중인 직원들이 있습니다. 그들의 안전과 건강을 지켜 주시고, 영육에 새 힘을 공급해 주옵소서.

여호와 라파 치료의 하나님, 투병 중인 주철 국장에게 임상 투약이 성공적으로 시행돼 저희의 눈으로도 치료의 기적을 볼 수 있게 역사해 주옵소서. 또 질병을 치료 중인 직원과 가족들도 있습니다. 그들에게도 동일한 치유와 회복의 은총을 허락해 주옵소서.
구주 예수님의 이름으로 기도드립니다. 아멘.

신천지특별취재단장 박옥배
CBS 직원예배 합심기도
2018년 8월 6일

참을 참이라고, 거짓을 거짓이라고 선포하는 CBS

한반도에 CBS를 세우신 하나님, 하나님의 정의와 사랑이 이 땅에 충만하게 임하기를 원합니다. 올곧은 방송으로 64년간 지켜주시고, 참을 참이라고, 거짓을 거짓이라고 선포하도록 인도하신 하나님께 감사와 영광을 드립니다.

CBS 직원들이 합심해 드린 기도에 응답하시는 하나님, 하나님이 CBS에 부여하신 귀하고 감사한 소명이 있습니다. 그 소임을 감당할 수 있도록 CBS에 안정적인 경영 환경을 허락해 주시기를 원합니다.

하나님, 방송 환경이 급변하는 세상입니다. 더 많은 매체 간의 경쟁이 있고, 뉴미디어 역량이 경쟁력을 좌우하는 시대입니다. 또 방송 광고 시장은 더욱 작아지고, 위협을 받고 있습니다. 녹록지 않은 방송 경영 환경 중에 놓인 CBS에 새 힘을, 넉넉한 재정을 공급해 주시옵소서.

우리의 목자가 되시는 여호와 하나님, 연일 푹염의 더위 속에서도 쉴 만한 물가로, 푸른 초장으로 인도해 주신 은혜를 감사합니다. 맡겨진 일에 충성을 다해 일하던 직원들이 휴가를 통해 하나님이 창조하신 자연 동산에서 휴식할 수 있도록 인도해 주시니 감사합니다. 휴가 중인 직원과 가족들에게 영·육 간에 새 힘을 더해 주셔서 재충전한 에너지와 열정으로 일터로 다시 돌아올 수 있도록 건강과 안전을 지켜주옵소서.

인간 생명의 주인이신 하나님, 투병 중인 주철 국장을 위해 온 직원들이 한마음을 품고 오랫동안 기도하고 있습니다. 주철 국장에게 부작용 없이 임상 투약이 성공해 치유되고 회복되는 은총을 허락해 주옵소서. 또 치료 중에 있는 직원과 가족들에게도 동일한 치유의 은총이 임해 온전히 회복되게 도우시옵소서.

사랑의 주 예수님의 이름으로 기도드립니다. 아멘.

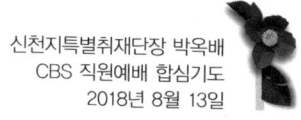

신천지특별취재단장 박옥배
CBS 직원예배 합심기도
2018년 8월 13일

신천지와 이단,
사이비의 공격을 이겨내는 CBS

공의로우신 하나님, 오늘도 이 땅이 하나님의 공의로 충만하기를 원합니다. 지난 64년간 CBS를 하나님의 공의를 선포하는 기관으로 지켜주시고, 때로는 맛을 잃어버린 소금처럼 능력을 상실한 한국 교회를 일깨우게 하시고, 빛을 잃은 세상에 어둠을 밝히는 한 줄기 빛으로 사용해 주신 것을 감사합니다.

너희는 세상의 빛이요, 소금이라고 말씀하신 주님, CBS에는 하나님이 부여하신 귀한 사명들이 있습니다. 그 사명을 기쁨으로, 감사함으로 감당할 수 있도록 CBS에 새 힘을 공급해 주옵소서. 때로는 신천지를 비롯한 이단과 사이비로부터 공격을 당하고, 사탄으로부터 욱여쌈을 당할지라도 흔들리지 않고 맡겨주신 소임에 충실할 수 있도록 CBS에 안정적인 경영 기반을 허락해 주시기를 원합니다. 하나님, 급변하는 방송 환경에서 CBS가 경쟁력을 갖출 수 있도록 재정이 부족하지 않게 넉넉히 채워주옵소서.

이 땅에서 전쟁을 끝내고, 평화가 정착되기를 원하시는 하나님, 우리로 하여금 통일시대의 비전을 보게 하시니 감사합니다. 50년 가까이 그린벨트로 묶여 있는 능곡송신소 부지에 통일비전센터 설립의 꿈을 꾸고 있습니다. 특히 이번 주중에는 능곡송신소 개발을 위한 중요한 결정이 있을 예정입니다. 그린벨트 해제를 위한 모든 심의 절차 위에 하나님이 함께 하셔서 하나님의 깊고, 넓고, 높은 경륜을 따라 잘 결정될 수 있도록 도우시옵소서. 그래서 한반도 이 땅이 복음화되고, 통일시대를 열어 우리 민족이 공동번영을 누리는 데에 CBS가 크게 쓰임 받는 도구가 되게 하시기를 원합니다.

천지만물을 창조하시고, 생명의 주인이신 하나님, 원치 않는 질병으로 투병 중인 주철 국장을 위해 기도합니다. 임상 투약 중인 주철 국장에게 낙심치 않는 새 힘을 주시고, 부작용 없이 치유되고 회복되는 은혜를 더하소서. 또 치료 중에 있는 직원과 가족들에게도 동일한 치유의 은총이 임해 온전히 회복되게 도우시옵소서. 막바지 휴가철 직원들의 안전과 건강을 지키시고, 새로운 에너지를 공급받아 돌아올 수 있게 하소서. 특파원들과 국내외 출장 중에 있는 직원들의 안전을 지켜 주옵소서.

그리스도가 되시는 예수님의 이름으로 기도드립니다. 아멘.

신천지특별취재단장 박옥배
CBS 직원예배 합심기도
2018년 8월 20일

광교산 표준FM 중계소 준공검사와
광주 음악FM 허가심사 청문회를 위하여

CBS를 통해 하나님의 공의가 이 땅에 실현되기를 원하시는 하나님, 그 사명을 온전히 감당할 수 있도록 CBS의 방송 경영 환경을 조속히 안정되게 도우시옵소서. 경쟁력을 갖춘 방송사로서 소명을 감당케 하시기를 원해 오늘도 간절히 마음을 모아 기도합니다. 세상에는 수많은 매체들이 있지만 CBS는 오로지 하나님의 방법으로, 선한 영향력으로, 세상을 바르고 따뜻하게 보듬는 방송이 되게 하옵소서.

하나님, 그러나 방송 경영 환경은 녹록지 않습니다. 하나님이 원하시는 우리 민족 복음화를 위해, 하나님이 다스리는 공의로운 나라를 위해, CBS가 더욱 힘 있게 제 역할을 다할 수 있도록, 부족한 재정으로 인해 위축되지 않도록, 하나님이 경영의 길을 열어 재정을 채워주옵소서.

하나님, 아직도 CBS의 전파가 닿지 않은 지역이 있어 기도합니다. 지난 64년간 전국 13개 지역방송본부를 세우신 하나님, 난청 지역이었던 수도권 남부지역에 광교산 표준FM 중계소를 세워 무사히 준공검사를 마친 것을 감사합니다. 이제 광주 음악FM 방송을 세우기 위해 준비하고 있습니다. 이번 주에 있을 광주 음악FM 허가심사 청문회도 하나님이 주관하셔서 CBS의 지경을 더욱 확장해 주옵소서.

여호와 라파, 치료의 하나님, 암 투병 중인 주철 국장이 신약으로 임상 복용 중에 있습니다. 투약한 지 4주째 현재까지 저희가 기도한 대로 부작용이 나타나지 않은 것을 감사합니다. 앞으로도 아무런 부작용 없는 약리 작용으로 인해 온전히 치유돼 암이 소멸되게 하옵소서. 또 치료 중에 있는 직원과 가족들도 있습니다. 그들에게도 치유와 회복의 은총을 허락해 주옵소서.

폭염으로 인해 지쳤던 8월도 이번 한 주간을 남겨놓고 있습니다. 남은 한 주간, 오늘 예배서를 통해 주신 말씀처럼 솔로몬 왕에게 주셨던 지혜를 우리 지원들에게도 주시고, 인간의 한계를 깨달아 극복하게 도우시옵소서.

지혜의 왕이신 예수님의 이름으로 기도드립니다. 아멘.

신천지특별취재단장 박옥배
CBS 직원예배 합심기도
2018년 8월 27일

CBS를 위해 희생 제물로 바치는 애사심을 기억해 주소서

  선한 목자이신 하나님, 오늘 이봉우 전북방송 기술국장님과 김순현 기술위원님, 이영선 방송위원님, 김영희 기술위원님, 문영복 대구방송 기술국장님, 김순기 기술위원님, 최상억 기술위원님, 박대승 방송위원님, 정용교 기술위원님, 최한태 대구방송 기자님, 편성국 문선영 님과 석별의 정을 나누는 명예퇴임예배를 갖습니다. 이분들에게 한량없는 하나님의 사랑을 간구합니다. 이분들의 앞날에 복에 복을 더하시고 더욱 좋은 것으로 흡족히 채워주실 줄을 믿습니다.

  지난 20여 년, 30여 년, 혹은 40여 년간 이분들의 삶 속에 동행하신 하나님, 그동안 CBS의 발전을 위해 남몰래 흘린 눈물을 기억하시며, 지난 세월 밤을 새워 고군분투해온 노력을 기억하실 줄로 믿습니다. 하나님의 선한 역사를 위해 방송 사역의 도구로 쓰임을 받게 하시고 이제 낯선 광야의 길을 각자 떠나게 됩니다. 이분들의 가는 길에 주의 축복 임하시기를 원합니다. 이후의 삶이 하늘에서 해같이 빛나는 인생이 되게 하시옵소서.

자녀를 사랑하시되 독생자까지 내어주셨던 하나님, CBS가 어려움에 처할 때 기도하는 기드온의 용사로, 낮과 밤을 가리지 않고 묵묵히 일했던 충성된 종으로도 모자라 오늘 회사를 위해 희생 제물로 바쳐지는 이들의 헌신적인 애사심을 영원히 기억해 주시옵소서.

한 알의 밀이 땅에 떨어져 죽으면 많은 열매를 맺는다고 말씀하신 하나님, 이분들의 헌신이 헛되지 않도록 CBS를 붙들어 주시기를 원합니다. 또 이들의 뒤에서 든든한 버팀목이 됐던 가족들에게도 위로와 소망의 하나님으로 임재하시옵소서. 그들이 섬기는 교회 위에도 동일한 은혜를 베풀어 주시옵소서.

CBS의 사명을 새롭게 하시는 하나님, 이분들이 떠난 자리에 남아 있는 CBS의 모든 지체들을 더욱 강건케 하시고 발에 힘을 주셔서 CBS가 세상을 향해 시대의 예언자로서, 또 거룩한 제사장으로서의 몫을 감당하게 하시기를 원합니다.

하나님, 이 예배를 통해 홀로 영광과 찬양을 받으시옵소서.

예수님의 이름으로 기도드립니다. 아멘

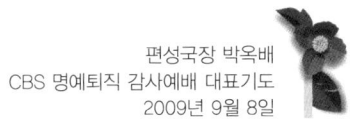

편성국장 박옥배
CBS 명예퇴직 감사예배 대표기도
2009년 9월 8일

CBS에서 쌓은 경륜과 지혜가
더욱 가치 있게 쓰이기를

 CBS를 이 땅에 세우신 하나님, 그 귀한 기관에 최명진 국장을 불러 세워주시고, 지난 30년 2개월간 힘써 일하게 하신 은혜를 감사합니다.

 아브라함의 하나님, 이삭의 하나님, 야곱의 하나님이 또한 최명진 국장의 하나님이신 줄 믿습니다. 오늘 회사가 정한 연한을 따라 정년퇴임의 기쁜 자리에 설 때까지 최명진 국장의 발걸음을 인도해 주신 하나님을 찬양합니다.

 아나운서로서 방송 최일선에 세워주셨고, 특히 기독교 영화를 통해 하나님 나라를 확장하는 데에 귀하게 쓰임 받게 하신 하나님, 모든 영광을 받으신 줄 믿습니다. 그동안 쌓아온 경륜과 지혜를 통해 더욱 가치 있고, 보람 있는 인생을 열어 주실 것을 바라고 믿습니다. 그래서 지나간 날들보다 앞으로 살아갈 날들로 인해 더 큰 영광을 하나님께 드릴 수 있도록 동행해 주시옵소서. 장차 하나님 나라에서 주님이 주실 면류관을 사모하며 살아갈 최명진 국장에게 영육이 강건한 복도 누리게 하옵소서. 또한 CBS에 재임하는 동안 곁에서 기도로 묵묵히 내조했던 사모님과 가족들의 헌신도 기억해 주옵소서. 30년 2개월간 몸담아 헌신했던 CBS를 위해 기도하게 하시며, 주의 몸 된 교회를 위해서도 잘 섬기는 일꾼이 되게 하시기를 원합니다.

하나님, 최명진 국장을 통해 주의 뜻을 이루시옵소서.

예수님의 이름으로 기도드립니다. 아멘.

신천지특별취재단장 박옥배
CBS 최명진 국장 정년퇴임식 대표기도
2018년 5월 31일

섬김과 나눔을 실천하는 크리스천 리더

독생자 예수 그리스도를 이 땅에 보내주신 하나님, 예수님이 이 땅에서 친히 가르치신 섬김과 나눔을 실천하기 위해 CBS 기독교방송이 개설한 크리스천리더스아카데미(CLA)가 어느덧 6기생을 배출하고, 오늘 7기를 개강하는 첫날에 하나님 앞에 먼저 예배하게 하시니 감사드립니다.

하나님, 바라옵기는 7기 회원 한 분 한 분이 주님을 닮은 제자로서 각자 섬기는 교회에서 충성을 다하게 하시고, 우리 사회 곳곳에서 크리스천 리더의 책임과 의무를 다할 수 있도록 인도해 주시옵소서. 7월 1일 CLA를 수료한 이후에도 회원들의 삶을 주장하셔서 낮은 자리에 내려가 발을 씻기신 주님의 겸손을 배우게 하시고, 대립과 갈등, 불신으로 인해 어두워진 이 시대에 크리스천 지도자로 세우신 하나님의 뜻을 따라 시대를 밝히는 등불이 되게 하옵소서.

진리의 영이신 하나님, 성락성결교회를 섬기는 지형은 목사님을 이곳에 보내주셔서 '이웃을 찾는 사람들'이라는 제목의 말씀을 주시니 감사합니다. 말씀 전하시는 목사님에게 영·혼·육이 강건하고, 성령 충만하도록 인도하시옵소서. 특송으로 영광 돌리는 피아니스트 이경미 박사의 연주를 기쁨으로 받아주시기를 원합니다.

60년 전에 CBS를 세우신 하나님, 한국 교회와 함께 민족복음화와 세계선교의 사명을 잘 감당하는 매체로 더욱 성장시켜 주시기를 원합니다. 이 거룩한 사역에 CLA 총동문회 오수철 회장과 동문회원들도 기도와 물질로 동참함으로써 하나님이 주신 소명을 더불어 완수할 수 있게 하시옵소서.

하늘의 영광 보좌를 버리고 이 땅에 오셔서 십자가에서 대속의 피를 흘려 죽으신 주 예수 그리스도의 이름으로 기도합니다. 아멘.

선교협력국장 박옥배
성락성결교회 지형은 목사 초청
CLA 크리스천리더스아카데미 7기 개강예배 대표기도
프레스센터 20층 2014년 3월 18일

불우한 이웃과 북녘동포들이 식탁도 풍성하게 도우소서

인류 역사를 주관하시는 하나님, 주께서 친히 실천하셨던 섬김과 나눔의 정신을 우리의 삶터에서도 실천하기를 원해서 CBS 기독교방송이 지난 3월 18일 개강했던 제7기 크리스천리더스아카데미가 정해진 과정을 다 마치고 수료하는 날을 주시니 감사합니다.

하나님, 수료식을 앞두고 7기 회원들이 한데 모여 하나님이 공급해 주시는 음식을 앞에 두고 감사의 기도를 드리게 하심도 감사합니다. 풍성한 음식을 먹고 마실 때마다 감사가 넘치게 하실 뿐 아니라 불우한 이웃과 특히 북녘동포들의 식탁에도 먹을 것이 풍성하도록 허락해 주옵소서.

영혼이 잘 되고, 범사가 잘 되기를 원하시는 하나님, 주신 음식으로 인해 저희의 육신이 강건해지고 마음과 영혼이 주님을 닮아가는 충성스런 제자가 되게 하옵소서. 나아가 각자 섬기는 교회에서 충성하고, 세상에서는 크리스천 리더로서 책임과 의무를 다할 수 있도록 인도해 주시옵소서. 오늘 CLA를 수료한 이후에도 CLA 동문회원으로서 이들의 삶을 주장해 주시옵소서.

주 예수 그리스도의 이름으로 기도합니다. 아멘.

신교협력국장 박옥배
CLA 크리스천리더스아카데미 7기 수료예배 만찬감사기도
나인트리컨벤션 2014년 7월 1일

CBS에 그랜드 피아노를 기증한
장응복 장로님을 위하여

64년 전 한국전쟁 후 황폐한 땅에 기독교방송 CBS를 세우시고, 지금까지 인도하신 하나님, 감사합니다. 오늘은 하나님을 찬양하는 악기로 그랜드 피아노를 보내주셔서 감사합니다. 기증하신 장응복 장로님과 가족들, CBS 직원들이 함께 모여 봉헌감사예식을 갖게 하신 것도 감사합니다. 하나님이 모든 영광과 찬양을 받으시옵소서.

이 악기를 통해 높으신 주의 보좌와 영광을 날마다 찬양하게 하시고, 어메이징 그레이스, 놀라운 주의 은혜를 찬양하는 도구가 되게 하옵소서.

연로하신 장응복 장로님의 귀한 뜻이 이곳 A스튜디오에 길이길이 남아 CBS의 음악 프로그램을 통해, 또 귀한 연주자의 연주회를 통해, 방송을 통해 온 누리에 그리스도의 향기로 퍼

지게 하옵소서.

　장로님 내외분께 더욱 강건하고 신령한 은혜를 주시고, 장수의 복도 더해 주시옵소서. 자녀손손 대를 이어 신앙의 터전이 더욱 확장되게 하시옵소서. 하나님이 주시는 만 가지 복을 누리며, 평생 하나님을 영화롭게 하는 가문으로 더욱 빛나게 도우시옵소서.

　예수님의 이름으로 감사 기도드립니다. 아멘.

신천지특별취재단장 박옥배
CBS 그랜드 피아노 봉헌감사예식 대표기도
2018년 7월 6일

주님 앞에 설 때까지 찬양하는 CBS장로합창단

하나님, 주께서 세우신 CBS장로합창단이 시간을 정해 연습하기에 앞서 하나님을 예배케 하시니 감사합니다.

하나님, 먼저 나라와 민족과 한국 교회를 위해 기도합니다. 이 땅에 전쟁의 기운을 물리쳐 주시고 칼을 쳐 보습을 만드는 역사를 이루게 하옵소서. 하나님이 정하신 때를 따라 통일을 허락해 주시고 평양의 예루살렘이 회복되는 은혜도 주옵소서. 종교개혁 500주년을 맞는 한국 교회가 내부로부터 개혁돼 건강한 교회 공동체로 설 수 있게 하옵소서.

하나님, CBS와 세광교회를 위해서 기도합니다. 하나님의 뜻이 있어 63년 전에 세우신 CBS가 오직 하나님의 공의와 정의가 강물같이 흐르게 하는 데에 쓰임 받는 도구가 되게 하시고, 세광교회가 지역복음화와 세계선교를 위한 선한 사역을 잘 감당하도록 인도해 주옵소서.

하나님, CBS장로합창단의 발전과 단원들의 건강을 위해서도 기도하오니 주님 앞에 서는 날까지 찬양하는 복을 누리게 하시고, 각자 섬기는 교회를 위해서도 영육 간에 더욱 강건토록 복을 더해 주옵소서.

하나님, 특별히 지휘자와 반주자이신 박성덕 목사님과 장윤정 교수님, 이우희 단장님과 임원으로 헌신하는 장로님들에게도 건강과 지혜, 명철을 허락해 주옵소서. 하나님, 올해 예정된 연주 일정에도 하나님이 함께 하시고, 모든 영광을 하나님이 홀로 받으시옵소서.

예수님의 이름으로 기도드립니다. 아멘.

박옥배 장로
CBS장로합창단 예배 대표기도
서울세광교회 2017년 9월 30일

생명을 살리는 일에 부름받으셨던
故 김영범 사목

생명의 주인이신 하나님, 20여 년간 CBS 직원으로서 충성을 다해 섬기던 故 김영범 목사님을 추모합니다.

목사님이 지난주 CBS 직원들에게 주셨던 마지막 설교문을 다시 한번 하나님의 말씀으로 받았습니다. 우리도 생명을 거두는 일이 아니라 생명을 살리는 일에 부름받은 자로서 겸손하게, 담대하게 살아가게 도우시옵소서.

하나님, 20년 전 대전CBS 개국요원으로 입사해 동분서주하셨던 목사님의 수고를 기억해 주옵소서. CBS 사목으로서 직원들을 목자의 심정으로 살피셨던 것과 한민족선교회와 선교봉사단, CBS 교회를 섬기던 손길을 기억합니다. 숙식을 같이 하며 직원 영성훈련을 위해 밤낮으로 헌신하셨던 목사님을 추모합니다. 오늘 아침 다시 주신 말씀대로 저희도 오직 순종과 겸손의 자세로 주어진 업무를 감당하도록 인도해 주옵소서.

남아 있는 장례절차 위에도 하나님이 동행해 주실 것을 믿으며, 생명을 구원하실 예수님의 이름으로 기도드립니다. 아멘.

선교위원 박옥배
故 김영범 사목 추모를 위한 CBS 직원예배 대표기도
2018년 2월 12일

인명 찾기

고명진 … 127	리종빈 … 84
고일호 … 97	문선영 … 163
곽인숙 … 123, 134, 137	문영복 … 163
권오서 … 22	문희성 … 81
길자연 … 53	박대승 … 163
김관선 … 100	박성덕 … 175
김근상 … 115	박호근 … 118
김동규 … 60	백창기 … 134, 137
김동엽 … 109	송기성 … 51
김병삼 … 122	안영진 … 133
김순기 … 163	오수철 … 169
김순현 … 163	우수명 … 75
김영범 … 130, 176	윤세관 … 78
김영희 … 163	윤정중 … 71
김 욱 … 26	이건영 … 112
김의신 … 79	이경미 … 169
김종이 … 70	이광섭 … 106
김형민 … 102	이미자 … 62

인명 찾기

이봉우 … 163

이영선 … 163

이우희 … 175

이재천 … 47, 48, 52, 90

이정식 … 31, 35

임석명 … 65

장기려 … 100

장성화 … 89

장윤정 … 175

장응복 … 172

장현승 … 95

장혜진 … 62

전병금 … 61

정용교 … 163

조기선 … 62

조동원 … 73

조만식 … 100

조봉희 … 56

조성욱 … 91

주기철 … 100

주 철 … 134, 137, 139, 142, 145, 148, 151, 154, 156, 158, 161

지형은 … 169

진명옥 … 86

채영남 … 67

최명진 … 166, 167

최상억 … 163

최승진 … 91, 92

최한태 … 163

한용길 … 28, 29, 111, 113, 116, 117, 120, 133, 141

황영준 … 64

기독교방송이여 영원하라

1판 1쇄 인쇄 _ 2021년 2월 25일
1판 1쇄 발행 _ 2021년 3월 2일

지은이 _ 박옥배
펴낸이 _ 이형규
펴낸곳 _ 쿰란출판사

주소 _ 서울특별시 종로구 이화장길 6
편집부 _ 745-1007, 745-1301∼2, 747-1212, 743-1300
영업부 _ 747-1004, FAX 745-8490
본사평생전화번호 _ 0502-756-1004
홈페이지 _ http://www.qumran.co.kr
E-mail _ qrbooks@daum.net / qrbooks@gmail.com
한글인터넷주소 _ 쿰란, 쿰란출판사
페이스북 _ www.facebook.com/qumranpeople
인스타그램 _ www.instagram.com/qrbooks
등록 _ 제1-670호(1988.2.27)
책임교열 _ 최가영·오완

ⓒ 박옥배 2021 ISBN 979-11-6143-522-0 03230

책값은 뒤표지에 있습니다.
이 출판물은 저작권법에 의해 보호를 받는 저작물이므로 무단 복제할 수 없습니다.
파본(破本)은 구입처에서 교환해 드립니다.